HISTOIRE
DE MA VIE

L'auteur et l'éditeur de cet ouvrage se réservent le droit de le traduire ou de le faire traduire en toutes les langues. Ils poursuivront, en vertu des lois, décrets et traités internationaux, toutes contrefaçons ou toutes traductions faites au mépris de leurs droits.

PARIS. — TYPOGRAPHIE DE HENRI PLON
8, rue Garancière.

HISTOIRE DE MA VIE

PAR

GEORGE SAND

> Charité envers les autres ;
> Dignité envers soi-même ;
> Sincérité devant Dieu.

Telle est l'épigraphe du livre que j'entreprends.
15 *avril* 1847.

GEORGE SAND.

TOME QUATRIÈME

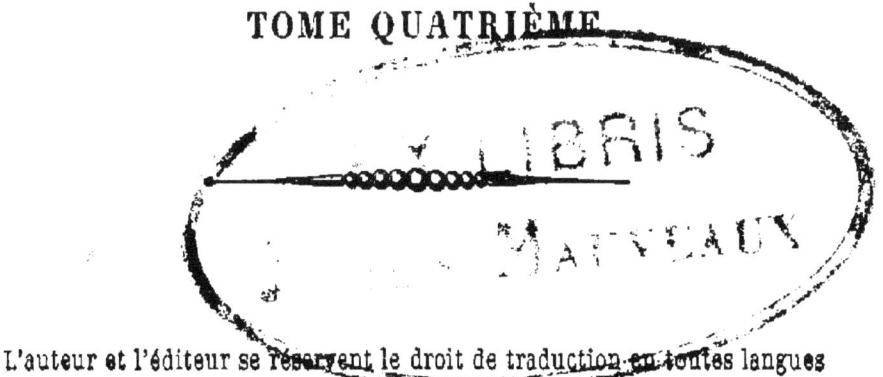

L'auteur et l'éditeur se réservent le droit de traduction en toutes langues

PARIS

MICHEL LÉVY FRÈRES, LIBRAIRES-ÉDITEURS

RUE VIVIENNE, 2 *bis*

1856

HISTOIRE DE MA VIE

TROISIÈME PARTIE

CHAPITRE PREMIER

Voyage à Paris. — La grande berline. — La Sologne. — La forêt d'Orléans et les pendus. — L'appartement de ma grand'mère à Paris. — Mes promenades avec ma mère. — La coiffure à la chinoise. — Ma sœur. — Premier chagrin violent. — La poupée noire. — Maladie et vision dans le délire.

Nous partîmes pour Paris au commencement, je crois, de l'hiver de 1810 à 1811, car Napoléon était entré en vainqueur à Vienne, et il avait épousé Marie-Louise pendant mon premier séjour à Nohant. Je me rappelle les deux endroits du jardin où j'entendis ces deux nouvelles occuper ma famille. Je dis adieu à Ursule; la pauvre enfant était désolée, mais je devais la retrouver au retour, et d'ailleurs j'étais si heureuse d'aller voir ma mère que j'étais presque insensible à tout le reste. J'avais fait la première expérience d'une séparation, et je commençais à avoir la notion du temps. J'avais compté les jours et les heures qui s'étaient écoulés pour moi loin de l'unique objet de mon amour. J'aimais Hippolyte aussi malgré ses taquineries. Lui aussi pleurait de rester seul pour la première fois dans cette grande maison. Je le plaignais, j'aurais voulu qu'on l'emmenât; mais en somme je n'avais de larmes pour personne, je n'avais que ma mère en tête; et ma grand'mère, qui passait sa vie à m'étudier, disait tout bas à Deschartres (les enfants entendent tout) : « Cette petite n'est pas si sensible que je l'aurais cru. »

On mettait dans ce temps-là trois grandes journées pour aller à Paris, quelquefois quatre. Et pourtant ma grand'mère voyageait en poste. Mais elle ne pouvait passer la nuit en voiture, et quand elle avait fait dans sa grande berline vingt-cinq lieues par jour, elle était brisée. Cette voiture de voyage était une véritable maison roulante. On sait de combien de paquets, de détails et de commodités de tout genre les vieilles gens, et surtout les personnes raffinées, se chargeaient et s'incommodaient en voyage. Les innombrables poches de ce véhicule étaient remplies de provisions de bouche, de friandises, de parfums, de jeux de cartes, de livres, d'itinéraires, d'argent, que sais-je? on eût dit que nous nous embarquions pour un mois. Ma grand'-mère et sa femme de chambre, empaquetées de couvre-pieds et d'oreillers, étaient étendues au fond; j'occupais la banquette de devant, et quoique j'y eusse toutes mes aises, j'avais bien de la peine à contenir ma pétulance dans un si petit espace et à ne pas donner de coups de pied à mon vis-à-vis. J'étais devenue très-turbulente dans la vie de Nohant, aussi commençais-je à jouir d'une santé parfaite; mais je ne devais pas tarder à me sentir moins vivante et plus souffreteuse dans l'air de Paris, qui m'a toujours été contraire.

Le voyage ne m'ennuya pourtant pas. C'était la première fois que je n'étais pas accablée par le sommeil, que le roulement des voitures provoque dans la première enfance, et cette succession d'objets nouveaux tenait mes yeux ouverts et mon esprit tendu.

Il n'y a pourtant rien de plus triste et de plus maussade que le trajet de Châteauroux à Orléans. Il faut traverser toute la Sologne, pays aride, sans grandeur et sans poésie. Eugène Sue nous a pourtant vanté les beautés incultes et les grâces sauvages de cette partie de la France. Il est sincère dans son admiration, car je l'ai entendu en parler comme il en a écrit. Mais, soit que les parties de pays qu'on découvre de la route soient particulièrement laides, soit qu'un pays absolument plat me soit naturellement antipathique, la Sologne, que j'ai traversée cent fois peut-être, à toutes les heures du jour et de la nuit, et dans toutes les saisons de l'année, m'a toujours paru mortellement maussade et vulgaire. La végétation sauvage y est aussi pauvre que les produits de la culture. Les bois de pins qui commencent à s'élever sont trop jeunes pour avoir du caractère. Ce sont des flaques de vert criard sur un sol incolore. La terre est pâle, les bruyères, l'écorce des arbres rabougris, les buissons, les animaux, les habitants surtout, sont pâles, livides même; malheureux et vaste pays qui se dessèche, insalubre, dans une sorte de marasme moral et physique de l'homme et de la nature.

Les poëtes et les peintres se moquent de cela en général, et triomphent dans cette désolation, qui, en de certaines contrées, leur fournit des tableaux et des solitudes enchantées. J'avoue qu'il est de ces solitudes si belles qu'il faut se rappeler la misère de ceux qui y végètent et qui pourraient y vivre, pour souhaiter que la civilisation et la culture viennent en détruire la poésie. Mais ce n'est pas en Sologne que j'ai jamais pu être tentée par cette mauvaise pensée. Il y a des landes magnifiques dans la Creuse, vastes terrains ondulés, riches de plantes sauvages, semés de flaques d'eau limpide et de bouquets d'arbres séculaires. Mais la Sologne n'a rien de pareil, du moins dans le rayon que mon œil a embrassé tant de fois sur une étendue de vingt lieues. Tout y est petit et fade, excepté l'horizon vaste, et le ciel, contrée toujours belle et vivante.

Mais cette différence entre la Sologne et les autres pays incultes que j'ai vus prouve bien quelque chose. La nature ne s'abjure jamais quand elle est féconde, et puisque les déserts de la Creuse ont de si beaux arbres, de si belles bruyères, et nourrissent un si beau bétail, il est bien certain que le sol est excellent et produirait de grandes richesses avec fort peu de dépenses, tandis que la Sologne aura besoin de temps et de frais considérables avant d'être un pays de rapport secondaire. La Brenne, moins fertile que la Creuse, est pourtant très-supérieure à la Sologne : et que les agriculteurs ne s'y trompent pas, les peintres et les poëtes voient assez bien. Quand la nature leur parle, là où ils ne voient que de la couleur et de la beauté extérieure, il y a quelque chose de plus, il y a de la fécondité et de la vie au sein de la terre. Cette fécondité se révèle par des plantes parasites, par un luxe inutile, comme une nature généreuse dans l'humanité se révèle par des erreurs lorsqu'elle est privée de direction. Mais, dans les petits esprits, le vice même est mesquin, comme, dans la Sologne, la fougère et le chardon même sont malades.

Tout ceci soit dit pourtant sans vouloir donner un démenti à Eugène Sue, qui doit connaître, dans la Sologne, une autre Sologne que celle que j'ai parcourue.

Traverser la forêt d'Orléans n'est plus rien. Dans mon enfance, c'était encore quelque chose d'imposant et de redoutable. Les grands arbres ombrageaient encore la route durant un parcours de deux heures, et les voitures y étaient souvent arrêtées par les brigands, accessoires obligés de toutes les émotions d'un voyage. Il fallait hâter les postillons pour y arriver avant la nuit ; mais, quelque diligence que nous fîmes, nous nous y trouvâmes en pleine nuit, à ce premier voyage avec ma grand'mère. Elle n'était point du tout peureuse, et quand elle avait accompli tout ce que la prudence commandait, si ses précautions étaient déjouées par quelque circonstance imprévue, elle en prenait admirablement son parti. La femme de chambre n'était pas aussi calme, mais elle se gardait bien d'en rien laisser paraître, et elles s'entretenaient toutes les deux du sujet de leurs appréhensions avec beaucoup de philosophie. Je ne sais pourquoi les brigands ne me faisaient aucune peur ; mais je fus saisie tout à coup d'une terreur affreuse, lorsque j'entendis ma grand'mère dire à mademoiselle Julie : « A présent, les attaques de voleurs ne sont pas très-fréquentes ici, et la forêt est très-élaguée aux bords de la route, en comparaison de ce que c'était avant la révolution. Il y avait un fourré épais et fort peu de fossés, de sorte que l'on était attaqué sans savoir par qui et sans avoir le temps de se mettre en défense. J'ai eu le bonheur de ne l'être jamais dans mes voyages à Châteauroux, et pourtant M. Dupin était toujours armé en guerre, ainsi que tous ses domestiques, pour traverser ce coupe-gorge. Les vols et les meurtres étaient très-fréquents, et on avait une singulière façon de les compter et de les signaler aux voyageurs. Quand les brigands étaient pris, jugés et condamnés, on les pendait aux arbres de la route, à l'endroit même où ils avaient commis le crime : si bien qu'on voyait ici de chaque côté du chemin, et à des distances très-rapprochées, des cadavres accrochés aux branches et que le vent balançait sur votre tête. Quand on faisait souvent la route, on connaissait tous les pendus, et chaque année on pouvait compter les nouveaux, ce qui prouve que l'exemple ne servait pas à grand'chose. Je me souviens d'y avoir vu, un hiver, une grande femme qui est restée entière fort longtemps, et dont les longs cheveux noirs flottaient au vent, tandis que les corbeaux volaient tout autour pour se disputer sa chair. C'était un spectacle affreux et une infection qui vous suivait jusqu'aux portes de la ville. »

Ma grand'mère croyait peut-être que je dormais

pendant ce lugubre récit. J'étais muette d'horreur et une sueur froide parcourait mes membres. C'était la première fois que je me faisais de la mort une image effrayante; car cela n'était pas dans mes instincts, comme on a pu le voir, et, pour mon compte, je ne me suis jamais préoccupée de la forme qu'elle pourrait prendre en me venant chercher. Mais ces pendus, ces arbres, ces corbeaux, ces cheveux noirs, tout cela fit passer dans mon cerveau de si horribles images que les dents me claquaient de peur. Je ne songeais pas le moins du monde au danger d'être attaquée ou tuée dans cette forêt; mais je voyais les pendus flotter aux branches des vieux chênes, et je me les représentais sous des traits effroyables. Cette terreur m'est restée bien longtemps, et toutes les fois que nous traversions la forêt, jusqu'à l'âge de quinze ou seize ans, elle m'est revenue aussi vive et aussi douloureuse. Tant il est vrai que les émotions de la réalité ne sont rien en comparaison de celles que l'imagination nous représente.

Nous arrivâmes à Paris, rue Neuve-des-Mathurins, dans un joli appartement qui donnait sur les vastes jardins situés de l'autre côté de la rue, et que de nos fenêtres nous découvrions en entier. L'appartement de ma grand'mère était meublé comme avant la révolution. C'était ce qu'elle avait sauvé du naufrage, et tout cela était encore très-frais et très-confortable. Sa chambre était tendue et meublée en damas bleu de ciel; il y avait des tapis partout, un feu d'enfer dans toutes les cheminées.

Jamais je n'avais été si bien logée, et tout me semblait un sujet d'étonnement dans ces recherches d'un bien-être qui était beaucoup moindre à Nohant. Mais je n'avais pas besoin de tout cela, moi élevée dans la pauvre chambre boisée et carrelée de la rue Grange-Batelière, et je ne jouissais pas du tout de ces aises de la vie, auxquelles ma grand'mère eût aimé à me voir plus sensible. Je ne vivais, je ne souriais que quand ma mère était auprès de moi. Elle y venait tous les jours, et ma passion augmentait à chaque nouvelle entrevue. Je la dévorais de caresses, et la pauvre femme, voyant que cela faisait souffrir ma grand'mère, était forcée de me contenir et de s'abstenir elle-même de trop vives expansions. On nous permettait de sortir ensemble, et il le fallait bien, quoique cela ne remplît pas le but qu'on s'était proposé de me détacher d'elle. Ma grand'mère n'allait jamais à pied, elle ne pouvait pas se passer de la présence de mademoiselle Julie, qui, elle-même, était gauche, distraite, myope, et qui m'eût perdue dans les rues ou laissé écraser par les voitures. Je n'aurais donc jamais marché si ma mère ne m'eût emmenée tous les jours faire de longues courses avec elle, et quoique j'eusse de bien petites jambes, j'aurais été à pied au bout du monde pour avoir le plaisir de tenir sa main, de toucher sa robe et de regarder avec elle tout ce qu'elle me disait de regarder. Tout me paraissait beau à travers ses yeux. Les boulevards étaient un lieu enchanté; les bains Chinois, avec leur affreuse rocaille et leurs stupides magots, étaient un palais des contes de fées ; les chiens savants qui dansaient sur le boulevard, les boutiques de joujoux, les marchands d'estampes et les marchands d'oiseaux, c'était de quoi me rendre folle, et ma mère s'arrêtant devant tout ce qui m'occupait, y prenant plaisir avec moi, enfant qu'elle était elle-même, doublait mes joies en les partageant.

Ma grand'mère avait un esprit de discernement plus éclairé et d'une grande élévation naturelle. Elle voulait former mon goût, et portait sa critique judicieuse sur tous les objets qui me frappaient. Elle me disait : « Voilà une figure mal dessinée, un assemblage de couleurs qui choque la vue, une composition, ou un langage, ou une musique, ou une toilette de mauvais goût. » Je ne pouvais comprendre cela qu'à la longue. Ma mère, moins difficile et plus naïve, était en communication plus directe d'impressions avec moi. Presque tous les produits de l'art ou de l'industrie lui plaisaient, pour peu qu'ils eussent des formes riantes et des couleurs fraîches, et ce qui ne lui plaisait pas l'amusait encore. Elle avait la passion du nouveau, et il n'était point de mode nouvelle qui ne lui parût la plus belle qu'elle eût encore vue. Tout lui allait ; rien ne pouvait la rendre laide ou disgracieuse, malgré les critiques de ma grand'mère, fidèle, avec raison, à ses longues tailles et à ses amples jupes du Directoire.

Ma mère, engouée de la mode du jour, se désolait de voir ma bonne maman m'habiller en *petite vieille bonne femme*. On me taillait des douillettes dans les douillettes un peu usées, mais encore fraîches de ma grand'mère, de sorte que j'étais presque toujours vêtue de couleurs sombres, et que mes tailles plates me descendaient sur les hanches. Cela paraissait affreux, alors qu'on devait avoir la ceinture sous les aisselles. C'était pourtant beaucoup mieux. Je commençais à avoir de très-grands cheveux bruns qui flottaient sur mes épaules et frisaient naturellement pour peu qu'on me passât une éponge mouillée sur la tête. Ma mère tourmenta si bien ma bonne maman qu'il fallut la laisser s'emparer de ma pauvre tête pour me coiffer *à la chinoise*.

C'était bien la plus affreuse coiffure qu'on pût imaginer, et elle a été certainement inventée pour les figures qui n'ont pas de front. On vous rebroussait les cheveux en les peignant à contre-sens jusqu'à ce qu'ils eussent pris une attitude perpendiculaire, et alors on en tortillait le fouet juste au sommet du crâne, de manière à faire de la tête une boule allongée surmontée d'une petite boule de cheveux. On ressemblait ainsi à une brioche ou à une gourde de pèlerin. Ajoutez à cette laideur le supplice d'avoir les cheveux plantés à contre-poil ; il fallait huit jours d'atroces douleurs et d'insomnie avant qu'ils eussent pris ce pli forcé, et on les serrait si bien avec un cordon pour les y contraindre, qu'on avait la peau du front tirée et le coin des yeux relevé comme les figures d'éventail chinois.

Je me soumis aveuglément à ce supplice, quoiqu'il me fût alors absolument indifférent d'être laide ou belle, de suivre la mode ou de protester contre ses aberrations. Ma mère le voulait, je lui plaisais ainsi, je souffris avec un courage stoïque. Ma bonne maman me trouvait affreuse, elle était désespérée. Mais elle ne jugea point à propos de se quereller pour si peu de chose, ma mère l'aidant d'ailleurs, autant qu'elle pouvait s'y plier, à me calmer dans mon exaltation pour elle.

Cela fut facile en apparence dans les commencements. Ma mère me faisant sortir tous les jours et dînant ou passant la soirée très-souvent avec moi, je n'étais guère séparée d'elle que pendant le temps de mon sommeil ; mais une circonstance où ma chère bonne maman eut véritablement tort à mes yeux, vint bientôt ranimer ma préférence pour ma mère.

Caroline ne m'avait pas vue depuis mon départ pour l'Espagne, et il paraît que ma grand'mère avait fait une condition essentielle à ma mère de briser à jamais tout rapport entre ma sœur et moi. Pourquoi cette aversion pour une enfant pleine de candeur, élevée rigidement, et qui a été toute sa vie un modèle d'austérité? Je l'ignore, et ne peux m'en rendre compte même aujourd'hui. Du moment que la mère était admise et acceptée, pourquoi la fille était-elle honnie et repoussée? Il y avait là un préjugé, une injustice inexplicable de la part d'une personne qui savait pourtant s'élever au-dessus des préjugés de son monde quand elle échappait à des influences indignes de son esprit et de son cœur. Caroline était née longtemps avant que mon père eût connu ma mère; mon père l'avait traitée et aimée comme sa fille, elle avait été la compagne raisonnable et complaisante de mes premiers jeux. C'était une jolie et douce enfant, et qui n'a jamais eu qu'un défaut pour moi, celui d'être trop absolue dans ses idées d'ordre et de dévotion. Je ne vois pas ce qu'on pouvait craindre pour moi de son contact, et ce qui eût pu me faire rougir jamais devant le monde de la reconnaître pour ma sœur, à moins que ce ne fût une souillure de n'être point noble de naissance, de sortir probablement de la classe du peuple, car je n'ai jamais su quel rang le père de Caroline occupait dans la société, et il est à présumer qu'il était de la même condition humble et obscure que ma mère. Mais n'étais-je pas, moi aussi, la fille de Sophie Delaborde, la petite-fille du marchand d'oiseaux, l'arrière-petite-fille de la mère Cloquard ? Comment pouvait-on se flatter de me faire oublier que je sortais du peuple, et de me persuader que l'enfant porté dans le même sein que moi était d'une nature inférieure à la mienne, par ce seul fait qu'il n'avait point l'honneur de compter le roi de Pologne et le maréchal de Saxe parmi ses ancêtres paternels ? Quelle folie, ou plutôt quel inconcevable enfantillage ! Et quand une personne d'un âge mûr et d'un grand esprit commet un enfantillage devant un enfant, combien de temps, d'efforts et de perfections ne faut-il pas pour en effacer en lui l'impression ?

Ma grand'mère fit ce prodige, car cette impression, pour n'être jamais effacée en moi, n'en fut pas moins vaincue par les trésors de tendresse que son âme me prodigua. Mais s'il n'y avait pas eu quelque raison profonde à la peine qu'elle eut à se faire aimer de moi, je serais un monstre. Je suis donc forcée de dire en quoi elle pécha au début, et maintenant que je connais l'obstination des classes nobiliaires, sa faute me paraît n'être point sienne, mais peser tout entière sur le milieu où elle avait toujours vécu, et dont, malgré son noble cœur et sa haute raison, elle ne put jamais se dégager entièrement.

Elle avait donc exigé que ma sœur me devînt étrangère, et comme je l'avais quittée à l'âge de quatre ans, il m'eût peut-être été facile de l'oublier. Je crois même que cela eût été déjà fait, si ma mère ne m'en eût pas parlé souvent depuis; et, quant à l'affection, n'ayant pu se développer encore bien vivement chez moi avant le voyage en Espagne, elle ne se fût peut-être pas beaucoup réveillée sans les efforts qu'on fit pour la briser violemment, et sans une petite scène de famille qui me fit une impression terrible.

Caroline avait environ douze ans. Elle était en pension, et, chaque fois qu'elle venait voir notre mère, elle la suppliait de la mener chez ma grand'mère pour me voir, ou de me faire venir chez elle. Ma mère éludait sa prière et lui donnait je ne sais quelles raisons, ne pouvant et ne voulant pas lui faire comprendre l'incompréhensible exclusion qui pesait sur elle. La pauvre petite n'y comprenant rien en effet, ne pouvant plus tenir à son impatience de m'embrasser et n'écoutant que son cœur, profita d'un soir où notre petite maman dînait chez mon oncle de Beaumont, persuada à la portière de ma mère de l'accompagner, et arriva chez nous bien joyeuse et bien empressée. Elle avait pourtant un peu peur de cette grand'mère qu'elle n'avait jamais vue; mais peut-être croyait-elle qu'elle dînait aussi chez l'oncle, ou peut-être était-elle décidée à tout braver pour me voir.

Il était sept ou huit heures, je jouais mélancoliquement toute seule sur le tapis du salon, lorsque j'entends un peu de mouvement dans la pièce voisine, et ma bonne vient entr'ouvrir la porte et m'appeler tout doucement. Ma grand'mère avait l'air de sommeiller sur son fauteuil; mais elle avait le sommeil léger. Au moment où je gagnais la porte sur la pointe du pied, sans savoir ce qu'on voulait de moi, ma bonne maman se retourne et me dit d'un ton sévère : « Où allez-vous si mystérieusement, ma fille? — Je n'en sais rien, maman, c'est ma bonne qui m'appelle. — Entrez, Rose, que voulez-vous? Pourquoi appelez-vous ma fille comme en cachette de moi? » La bonne s'embarrasse, hésite, et finit par dire : « Eh bien, madame, c'est mademoiselle Caroline qui est là. »

Ce nom si pur et si doux fit un effet extraordinaire sur ma grand'mère. Elle crut à une résistance ouverte de la part de ma mère, ou à une résolution de la tromper que l'enfant ou la bonne avait trahie par maladresse. Elle parla durement et sèchement, ce qui certes lui arriva bien rarement dans sa vie. « Que cette petite s'en aille tout de suite, dit-elle, et qu'elle ne se présente plus jamais ici! Elle sait très-bien qu'elle ne doit point voir ma fille. Ma fille ne la connaît plus, et moi je ne la connais pas. Et quant à vous, Rose, si jamais vous cherchez à l'introduire chez moi, je vous chasse! »

Rose épouvantée disparut. J'étais troublée et effrayée, presque affligée et repentante d'avoir été pour ma grand'mère un sujet de colère, car je sentais bien que cette émotion ne lui était pas naturelle et devait la faire beaucoup souffrir. Mon étonnement de la voir ainsi m'empêchait de penser à Caroline, dont le souvenir était bien vague en moi. Mais tout à coup, à la suite de chuchotements échangés derrière la porte, j'entends un sanglot étouffé, mais déchirant, un cri parti du fond de l'âme, qui pénètre au fond de la mienne, et réveille la voix du sang. C'est Caroline qui pleure et s'en va consternée, brisée, humiliée, blessée dans son juste orgueil d'elle-même et dans son naïf amour pour moi.

Aussitôt l'image de ma sœur se ranime dans ma mémoire, je crois la voir telle qu'elle était dans la rue Grange-Batelière et à Chaillot, grandelette, menue, douce, modeste et obligeante, se faisant l'esclave de mes caprices, me chantant des chansons pour m'endormir, ou me racontant de belles histoires de fées. Je fonds en larmes et m'élance vers la porte; mais il est trop tard, elle est partie; ma bonne pleure aussi et me reçoit dans ses bras, en me conjurant de cacher à ma grand'mère un chagrin qui l'irrite contre elle. Ma grand'mère me rappelle et veut me prendre sur ses genoux pour me calmer et me raisonner; je résiste, je fuis ses caresses et je me jette par terre dans un coin en criant :

« Je veux retourner avec ma mère, je ne veux pas rester ici ! »

Mademoiselle Julie arrive à son tour et veut me faire entendre raison. Elle me parle de ma grand'-mère que je rends malade, à ce qu'elle assure, et que je refuse de regarder. « Vous faites de la peine à votre bonne maman qui vous aime, qui vous chérit, qui ne vit que pour vous. » Mais je n'écoute rien, je redemande ma mère et ma sœur avec des cris de désespoir. J'étais si malade et si suffoquée qu'il ne fallut point songer à me faire dire bonsoir à ma bonne maman. On me mena coucher, et toute la nuit je ne fis que gémir et soupirer dans mon sommeil.

Sans doute ma grand'mère passa une mauvaise nuit aussi. J'ai si bien compris depuis combien elle était bonne et tendre, que je suis bien certaine maintenant de la peine qu'elle éprouvait quand elle se croyait forcée de faire de la peine aux autres; mais sa dignité lui défendait de le faire paraître, et c'était par des soins et des gâteries détournées qu'elle essayait de le faire oublier.

A mon réveil, je trouvai sur mon lit une poupée que j'avais beaucoup désirée la veille, pour l'avoir vue avec ma mère dans un magasin de jouets, et dont j'avais fait une description pompeuse à ma bonne maman en rentrant pour dîner. C'était une petite négresse qui avait l'air de rire aux éclats et qui montrait ses dents blanches et ses yeux brillants au milieu de sa figure noire. Elle était ronde et bien faite, elle avait une robe de crêpe rose bordée d'une frange d'argent. Cela m'avait paru bizarre, fantastique, admirable, et, le matin, avant que je fusse éveillée, la pauvre bonne maman avait envoyé chercher la poupée négrillonne pour satisfaire mon caprice et me distraire de mon chagrin. En effet, le premier mouvement fut un vif plaisir; je pris la petite créature dans mes bras, son joli rire provoqua le mien, et je l'embrassai comme une jeune mère embrasse son nouveau-né. Mais, tout en la regardant et en la berçant sur mon cœur, mes souvenirs de la veille se ranimèrent. Je pensai à ma mère, à ma sœur, à la dureté de ma grand'mère, et je jetai la poupée loin de moi. Mais comme elle riait toujours, la pauvre négresse, je la repris, je la caressai encore et je l'arrosai de mes larmes, m'abandonnant à l'illusion d'un amour maternel qu'excitait plus vivement en moi le sentiment contristé de l'amour filial. Puis tout d'un coup j'eus un vertige, je laissai tomber la poupée par terre et j'eus d'affreux vomissements de bile qui effrayèrent beaucoup mes bonnes.

Je ne sais plus ce qui se passa pendant plusieurs jours, j'eus la rougeole avec une fièvre violente. Je devais l'avoir probablement, mais l'animation et le chagrin l'avaient hâtée ou rendue plus intense. Je fus assez dangereusement malade, et une nuit j'eus une vision qui me tourmenta beaucoup. On avait laissé une lampe brûler dans la chambre où j'étais ; mes deux bonnes dormaient, et j'avais les yeux ouverts et la tête en feu. Il me semble pourtant que mes idées étaient très-nettes, et qu'en regardant fixement cette lampe je me rendais fort bien compte de ce que c'était. Il s'était formé un grand champignon sur la mèche, et la fumée noire qui s'en exhalait dessinait son ombre tremblotante sur le plafond. Tout à coup ce lumignon prit une forme distincte, celle d'un petit homme qui dansait au milieu de la flamme. Il s'en détacha peu à peu et se mit à tourner autour avec rapidité, et à mesure qu'il tournait il grandissait toujours, il arrivait à la taille d'un homme véritable, jusqu'à ce qu'enfin ce fut un géant dont les pas rapides frappaient la terre avec bruit, tandis que sa folle chevelure balayait circulairement le plafond avec la légèreté d'une chauve-souris.

Je fis des cris épouvantables, et l'on vint à moi pour me rassurer ; mais cette apparition revint trois ou quatre fois de suite et dura presque jusqu'au jour. C'est la seule fois que je me rappelle avoir eu le délire. Si je l'ai eu depuis, je ne m'en suis pas rendu compte, ou je ne m'en souviens pas.

HISTOIRE DE MA VIE

DEUXIÈME PARTIE

(*Suite.*)

CHAPITRE NEUVIÈME

(*Suite.*)

Lettres de ma grand'mère et d'un officier civil. — L'abbé d'Andrezel. — Suite des lettres. — Le marquis de S***. — Un passage des *Mémoires* de Marmontel. — Ma première entrevue avec ma grand'mère. — Caractère de ma mère. — Son mariage à l'église. — Ma tante Lucile et ma cousine Clotilde. — Mon premier séjour à Chaillot.

On a vu par la lettre précédente que mon existence était acceptée par la bonne mère et qu'elle ne pouvait se défendre de montrer l'intérêt qu'elle y prenait; et pourtant elle n'acceptait pas le mariage et elle était occupée avec l'abbé d'Andrezel à chercher les preuves de nullité que son défaut de consentement pouvait y apporter. Le maire qui avait fait ce mariage avait été abusé par des témoignages hasardés. Averti par les réclamations de ma grand'mère, qui voulait avoir une copie régulière des actes, il ne se hâtait pas de répondre, effrayé peut-être des conséquences de son erreur, qui pouvaient retomber sur lui ou sur le juge de paix. De son côté, le maire du cinquième arrondissement, qui n'avait pas de raisons pour s'abstenir, et qui s'était fait communiquer les pièces, répondait du moins avec une réserve très-concevable sur la manière dont les formalités avaient été remplies, et se bornait à donner des détails sur la naissance de ma mère, sur Claude Delaborde, l'oiselier du quai de la Mégisserie, et sur le grand-père Cloquart, qui vivait encore et qui portait à cette époque (ce renseignement n'est pas dans la lettre du grave magistrat) un grand habit rouge et un chapeau à trois cornes, son habit de noces du temps de Louis XV, le plus beau sans doute qu'il eût jamais possédé et dont il avait fait si longtemps ses dimanches, qu'il lui fallait enfin l'user par mesure d'économie. A propos de cette origine peu brillante de sa belle-fille, ma grand'mère écrivit au susdit maire, à la date du 27 frimaire an XIII :

« .... Quelque douloureuses que soient pour
» mon cœur les informations que vous avez bien
» voulu prendre, je n'en suis pas moins reconnais-

CHAPITRE NEUVIÈME.

» sante de votre préoccupation à éclairer ma triste
» curiosité. La parenté m'afflige fort peu, mais bien
» le personnel de la demoiselle. Votre silence à son
» égard, monsieur, m'est une certitude de mon
» malheur et de celui de mon fils. C'est sa première
» faute ! Il était l'exemple des bons fils et j'étais
» citée comme la plus heureuse des mères. Mon cœur
» se brise, et c'est en pleurant que je vous exprime,
» monsieur, ma sensibilité pour vos honnêtes procé-
» dés et l'estime très-particulière avec laquelle, etc. »

A quoi le maire du cinquième répondit (j'ai toutes ces lettres sous les yeux, ma grand'mère ayant pris copie des siennes et ayant formé du tout une espèce de dossier) :

« Madame,

» Si j'en juge par votre réponse à ma dernière lettre, la douleur vous a fait illusion sur un article que je crois me devoir à moi-même de redresser : cet article est le plus essentiel à ma satisfaction comme à votre tranquillité.

» Il me semble, madame, que c'est sur des faits seulement que pourraient porter les données propres à adoucir dans cette circonstance l'épreuve qu'elle fait subir au cœur d'une mère. C'est du moins dans cette intention et dans cet esprit que j'ai fait des recherches et que je vous en ai transmis le résultat.

» Serait-ce le malheur de l'esprit entraîné par le sentiment, de se porter trop précipitamment à croire ce qu'il craint? A cet égard, ma lettre me semblait renfermer des inductions contraires à celles que vous en avez tirées sur le personnel de l'épouse que votre fils a choisie. Ne pouvant et ne voulant dire que des choses certaines, j'ai voulu juger par moi-même, et, ainsi que je vous l'ai dit, j'ai chargé une personne intelligente et sûre de pénétrer, sous un prétexte quelconque, dans l'intérieur des jeunes époux. Ainsi que j'ai déjà eu l'honneur de vous le dire, on a trouvé un local extrêmement modeste, mais bien tenu, les deux jeunes gens ayant un extérieur de décence et même de distinction, la jeune mère au milieu de ses enfants, allaitant elle-même le dernier, et paraissant absorbée par ces soins maternels; le jeune homme plein de politesse, de bienveillance et de sérénité. Comme la personne envoyée par moi avait pris pour prétexte de demander une adresse, M. votre fils est descendu à l'étage au-dessous pour la demander à M. Maréchal, qui est marié avec mademoiselle Lucie Delaborde, sœur cadette de mademoiselle Victoire Delaborde; et M. Maréchal est monté fort obligeamment avec M. Dupin pour donner cette adresse. M. Maréchal est un officier retraité dont l'extérieur est très-favorable. Enfin le jugement de mon envoyé, auquel vous pouvez avoir confiance entière, est que, quels qu'aient pu être les antécédents de la personne, antécédents que j'ignore entièrement, sa vie est actuellement des plus régulières et dénote même une habitude d'ordre et de décence qui n'aurait rien d'affecté. En outre, les deux époux avaient entre eux le ton d'intimité douce qui suppose la bonne harmonie, et depuis des renseignements ultérieurs, je me suis convaincu que *rien n'annonce* que votre fils ait à se repentir de l'union contractée.

» Je me trompe, il doit un jour ou l'autre se repentir amèrement d'avoir brisé le cœur de sa mère; mais vous-même l'avez dit, madame, c'est sa première, sa seule faute! Et j'ai tout lieu de croire que si elle est grave envers vous, elle est réparable par sa tendresse, et grâce à la vôtre; il appartient à votre cœur maternel de l'absoudre, et je serais heureux de vous apporter une consolation en vous confirmant que le *ton qu'on a vu chez lui* ne justifie en rien vos douloureux présages.

» C'est dans cet esprit, madame, que je vous prie d'agréer, etc. »

Quelque rassurante que fût cette bonne et honnête réponse, ma grand'mère n'en persista pas moins à se munir des pièces qui pouvaient lui laisser l'espoir de rompre le mariage. Elle écrivit encore au maire qui avait marié son fils, d'un ton assez amer qui peint bien la situation cruelle de son esprit.

Le 30 janvier 1805.

« J'ai sans doute, monsieur, à vous féliciter sur le bonheur domestique dont vous jouissez, car, s'il en était autrement, si quelque chagrin troublait la paix de votre intérieur, vous n'eussiez pas négligé pendant un mois entier de répondre à une mère affligée dans ce qu'elle a de plus cher au monde, pour finir par articuler, comme en passant, que je ne vous avais pas sollicité régulièrement. Cette réflexion ne s'adresse qu'au particulier, peut-être au père de famille recommandable parmi ses concitoyens; car si je m'adressais à l'homme public, j'aurais peut-être le droit de lui observer combien des négligences de ce genre peuvent être préjudiciables aux intéressés qui réclament son ministère.

» Je croyais m'être suffisamment fait connaître pour pouvoir sans indiscrétion demander des pièces dont la communication avait été offerte à un tiers désintéressé. J'avais cru que des pièces publiques par leur nature, et dont les originaux restaient entre vos mains, pouvaient m'être délivrées en copie sans vous compromettre. Enfin, je m'étais flattée, mais trop légèrement sans doute, que je trouverais chez vous les égards, l'intérêt et la confiance que je m'applaudissais d'avoir inspirés à M. ***, votre respectable collègue. Je me hâte de vous demander pardon de ma méprise et de régulariser ma demande. A cet effet, je remets à un de mes amis, qui se rend auprès de vous pour cet objet, les pièces ci-jointes, etc. »

Ce fut l'abbé d'Andrezel qui repartit pour Paris, muni de tous les pouvoirs nécessaires. L'abbé d'Andrezel, qu'on n'appelait plus l'abbé depuis la révolution, était un des hommes les plus spirituels et les plus aimables que j'aie connus. Il a fait je ne sais quelles traductions du grec et passait pour savant. Il a été recteur de l'Université, et pendant quelque temps censeur sous la restauration. Ce n'était pourtant pas un royaliste à idées exagérées, et je l'ai souvent entendu dire, au temps où il exerçait ce triste ministère : « Ce que j'aime de mon emploi, c'est qu'il me permet de jeter au feu une foule de platitudes, et en cela les écrivains que je dépèce me devraient de la reconnaissance s'ils pouvaient se rendre justice. En revanche, j'ai le plaisir de soustraire aux ciseaux de mes collègues une petite quantité de choses plaisantes et justes auxquelles je fais grâce parce qu'il s'y trouve de l'esprit. Le Français veut rire, et pourvu qu'on lui laisse la liberté de railler il supporte la privation de la liberté de raisonner. Il tient plus à sa gaieté qu'à ses passions, à son ironie qu'à son opinion. » Il ajoutait tout bas à l'oreille de sa vieille amie ma grand'mère : « J'ai affaire, je l'avoue, à des pédants très-collets montés qui me trouvent trop tolérant, et s'ils parviennent à faire prédominer leur ridicule austérité, pour être moins moqué le gouvernement n'en sera que plus moquable. Je crois donc remplir mon mandat avec plus de conscience et de sagesse en respectant l'esprit français partout où je le trouve, même dans le camp ennemi. D'ailleurs, c'est plus fort que moi, quand j'ai ri je suis désarmé. » Cette façon de penser ne fut point goûtée. Il exerça peu de temps les fonctions de censeur. Qu'on l'ait révoqué sans bruit ou qu'il se soit retiré par dégoût, je l'ignore.

Cet abbé d'Andrezel avait été très-joli garçon, et je crois qu'il était encore très-libertin. Il avait donc assez mauvaise grâce à se charger d'une mission aussi grave que celle qui lui était confiée par ma grand'mère. Il y mit pourtant beaucoup d'activité, car toutes les consultations qui forment le dossier relatif au mariage de mon père lui sont adressées et sont provoquées par lui. De toutes ces consultations il résulte que le mariage est indissoluble et que l'officier public qui l'a consacré étant de bonne foi, toutes recherches contre lui n'aboutiraient qu'à une vengeance personnelle sans effet contre le mariage contracté.

CHAPITRE NEUVIÈME.

Pendant que l'abbé d'Andrezel agissait à Paris, et que de Nohant ma grand'mère écrivait à son fils sans lui témoigner son irritation et sa douleur, mon père, toujours muet sur l'article principal, l'entretenait de ses affaires et de ses démarches.

LETTRE VI

28 frimaire an XIII.

J'arrive de Montreuil par *la fraîcheur*. Il m'a fallu y courir avant le 30, et me présenter devant l'inspecteur aux revues pour être porté sur la liste des payables. A mon retour, je trouve René enflammé pour moi du plus beau zèle. Il a dîné chez son prince avec Dupont, et ils ont eu à mon sujet un long entretien. Dupont a beaucoup vanté *mes talents et ma valeur*. Le prince s'est beaucoup étonné de me savoir si peu avancé. Je vais lui être présenté, et il dit s'intéresser beaucoup à moi. Malheureusement il a peu de crédit en ce moment; si sa femme pouvait se mêler de mes affaires, ce serait beaucoup plus sûr.

Pour t'obéir, je vais faire encore tous mes efforts pour entrer dans la garde; je vais encore une fois tenter les protecteurs et les courtisans! Quant aux places de finances, le cautionnement des receveurs est de cent mille écus comptant. Il n'y faut pas songer.

. . . .

Je travaille à mon opéra, et je t'envoie le projet de mon plan. Dis-moi si tu l'approuves.

Dupont épouse mademoiselle Bergon, fille d'un père de ce nom, inspecteur des eaux et forêts. Elle est très-bonne musicienne, dit-on. Il lui a acheté ce matin un piano de 4,000 francs et une harpe de 150 louis. J'en suis enchanté; quand il aura une femme à faire enrager, il nous laissera peut-être tranquilles.

Adieu, ma bonne mère, je t'aime de toute mon âme. J'embrasse d'Andrezel et je rosse Deschartres.

LETTRE VII

5 janvier 1805.

Ah! qu'il est bon et qu'elles sont tendres! Comme tout cela était bien emballé, et que j'ai bien reconnu à la grâce de cette bourriche les soins de ma bonne mère pour tout ce qu'elle me destine! Ce pâté m'est d'autant plus avantageux qu'il prolonge d'une grande heure mes leçons de composition; mon maître, en vrai musicien, est gourmand et altéré, et tout en l'empiffrant, je lui fais toutes mes questions et observations. C'est, du reste, un homme profondément instruit, et je travaille sérieusement avec lui.

Je n'ai point rapporté, comme tu le dis, des *trésors* de Montreuil, et cependant j'ai pu acheter un superbe piano à quatre pédales qui vaut au moins 35 louis, et que j'ai eu pour 18. Imagine-toi que j'ai été dénicher cette merveille chez un M. Grévin qui a l'entreprise des cercueils à fournir à toutes les paroisses de Paris. Il avait reçu ce piano en payement et n'en savait que faire. Dieu sait par quelles étranges vicissitudes les lois de l'échange ont fait arriver jusqu'à moi un instrument dont la valeur a été représentée ailleurs par je ne sais combien de bières. Où diable, me diras-tu, as-tu été déterrer cet enterreur? C'est mon maître qui l'a déterré pour moi; ledit maître de composition étant organiste de Saint-Nicolas, Saint-Laurent et autres lieux, et, de plus, disciple et collaborateur du célèbre Couperin. Je voudrais que tu l'entendisses improviser sur mon piano. *Mon génie étonné tremble devant le sien.* Outre sa science, il a le plus beau sentiment mélodique, le goût de Méhul et la grâce de Boïeldieu. Je t'avoue que j'oublie tout à ses côtés. Comme M. Desmazures, je me console avec Apollon et les Muses des injustices du sort. . . . .

LETTRES VIII, IX et X

Voilà enfin le manteau que Duboisdoin m'avait prêté, et pour lequel tu m'avais tant grondé! Il n'en valait pourtant pas la peine; car il m'eût été difficile d'en trouver un aussi mauvais pour le remplacer. *Mon coquin de laquais*, pressé par la nécessité d'avoir de moi un certificat, est venu me confesser que ce manteau était depuis deux mois dans les mains du cuisinier de M. de Montvillars. J'ai été trouver M. de Montvillars, je lui ai raconté mon affaire; il m'a fait rendre le manteau moyennant 28 francs que j'ai remis au cuisinier, et j'ai repris ledit manteau que ledit cuisinier avait jugé à propos de métamorphoser en capote, ce qui lui a donné un air de jeunesse tout à fait agréable. J'engage Deschartres à le prendre pour modèle dans la confection du sien. Je l'ai remis à d'Andrezel, qui m'a remis celui que tu m'as acheté, si bien que je gagne à tout cela un manteau neuf, et Duboisdoin un manteau rajeuni. J'ai été rendre ma visite officielle à madame ***, qui a, ce me semble, tous les airs d'une petite bourgeoise enrichie. Il y avait là force parentes de la dame, en robes d'indienne et bonnets à carcasse. — Philippe Ségur et le vicomte travaillent à frais communs au poëme de mon opéra. La réputation des auteurs sera un marchepied pour celle du compositeur.

On donne maintenant *aux Associés* une tragédie bouffonne, faite sérieusement, il y a une vingtaine d'années, par un certain André, perruquier de M. d'Argental, et intitulée *le Désastre de Lisbonne*. Le premier acte se passe à Lisbonne, le deuxième à Constantinople. On y voit le Grand Turc dans toute sa magnificence et menaçant de faire mettre à *Bicêtre* le héros de la pièce.

On cite des vers tels que ceux-ci :

> Pour me tuer ici prête-moi ton couteau;
> On t'en rendra un qui sera beaucoup plus beau.

Tout le monde court à cette tragédie, dont le style et l'intrigue sont à pouffer de rire.

Madame Charles de Bérenger a failli mourir. Madame je ne sais plus qui a été se jeter aux genoux du pape pour qu'il dit une messe à l'intention de la malade. La messe dite, la fièvre a cessé, miracle ! Il en fera bien d'autres. Il y a quatre jours, le saint-père fut visiter la manufacture de glaces du faubourg Saint-Antoine; madame T***, qui est maintenant entretenue par O***, s'est présentée à Sa Sainteté en la priant de lui donner sa bénédiction. Le saint-père l'a non-seulement bénie, mais encore un chapelet qu'elle portait, ainsi qu'un enfant de je ne sais quel père. Beaumont, témoin oculaire du fait, dit en riant : A tout péché miséricorde; madame T*** va peut-être devenir une sainte. X*** se ruine en habits et en voitures, tout en me prêchant l'économie. Il est éblouissant. Madame se fait courtiser par Caulaincourt (Auguste), grand écuyer du prince. Elle a la tête tournée par la nouvelle cour, comme elle l'avait auparavant par le faubourg Saint-Germain, qui lui a tourné le dos absolument. Un bal, des lumières, des diamants, n'importe où, comment et pourquoi, c'est toujours la même légèreté et le même vide dans l'esprit.

. . . .

« J'ai assisté, il y a trois jours, à une soirée que Beaumont a donnée au prince Ferdinand, premier aumônier de l'empereur. Il y avait un concert en règle. La Foret, madame Armand, Laïs, Guénin, Lançay, etc., etc..... et moi ! Il y a eu d'excellente musique. Au milieu de tout cela est arrivé un M. de S***, voisin de Beaumont[1], homme de soixante-

---

[1] J'ai revu chez mon grand-oncle de Beaumont, douze ans plus tard, ce même marquis de S***, en tout semblable au portrait qu'en trace mon père, et toujours vêtu comme avant la révolution : c'était un type. A quatre-vingts ans il était encore frétillon et coquet. Il prenait des poses et cherchait dans les regards si on faisait attention à sa jambe. Il avait des habits à paillettes et faisait encore des quatrains.

dix ans, possédant autant de mille livres de rente que d'années, exactement vêtu comme il y a trente ans, se croyant jeune, aimable et spirituel, composant derrière un paravent des quatrains pour tout le monde, les chantant avec une méchante haute-contre fêlée, faisant le joli auprès des femmes. C'est une véritable curiosité que ce petit vieux ; et comme on le regarde avec étonnement, il croit tourner toutes les têtes. Il voulait absolument qu'Auguste touchât un concerto de piano, disant qu'avec sa figure il était impossible qu'il ne fût pas musicien. Il nous avait déjà décoché trois quatrains sur l'air des *Folies d'Espagne*, et, par égard pour Beaumont, on s'était contenu. Mais quand il en vint au quatrième, il pria sérieusement mademoiselle Armand de l'accompagner, ce à quoi elle se prêta avec beaucoup d'esprit, en faisant des cadences si ridicules, qu'Auguste, qui était debout derrière le piano, avec ce grand sérieux de glace que tu lui connais, partit tout à coup d'un énorme éclat de rire. Ce fut le signal. J'étais vis-à-vis de lui, me mordant les lèvres et évitant de regarder mademoiselle Armand, qui se tenait à quatre. Mais quand je vis mon cher neveu perdre son flegme imperturbable et rire avec le laisser aller d'un homme qui ne fait rien à demi, je perdis toute contenance, et j'entraînai l'assemblée, qui m'obéit comme à un commandement général ; ce fut un moment d'expansion inexprimable, invincible. Le marquis de S*** ne s'en aperçut pas le moins du monde, acheva son quatrain d'un air vainqueur, et fut applaudi à tout rompre.

Aurore est bien sensible, ma bonne mère, au baiser que je lui ai donné de ta part. Si elle pouvait parler ou écrire, elle te souhaiterait une *bonne année*, la mieux tournée et la plus tendre du monde. Elle ne dit rien encore, mais je t'assure qu'elle n'en pense pas moins. C'est un enfant que j'adore, pardonne-moi cet amour-là, il ne nuit en rien à mon amour pour toi ; au contraire, il me fait mieux comprendre et apprécier celui que tu me portes.

Tu sais sans doute que le prince Joseph va être *nommé roi* de Lombardie, et Eugène Beauharnais roi d'Étrurie. On parle d'une déclaration de guerre très-prochaine.

. . . .

LETTRE XI

Paris, 9 ventôse.

En vérité, ma bonne et chère mère, si je voulais prendre ta lettre dans le ton où tu me l'as écrite, il ne me resterait plus qu'à me jeter dans la rivière. Je vois bien que tu ne penses pas un mot de ce que tu me dis ; la solitude et l'éloignement te grossissent les objets. Mais quoique je sois fort de ma conscience, je n'en suis pas moins douloureusement affecté de ton langage. Tu me reproches toujours ma mauvaise fortune, comme si j'avais pu la conjurer, comme si je ne t'avais pas dit et prouvé cent fois que les états-majors étaient complétement en disgrâce.

Il n'y a là-dessous ni ressorts secrets ni intrigue cachée contre moi. Je n'ai pas d'ennemis, je ne suis pas l'objet d'une disgrâce personnelle. Je subis le sort commun à tous ceux qui se trouvent dans la même position que moi, qui n'ont pas six ans de grade dans l'état-major, et qui n'ont pas été assez heureux pour être l'objet d'une exception, autrement dit d'un passe-droit. L'état-major est mort et enterré. On ne pense pas plus à Marengo qu'à s'aller pendre. Les bivouacs d'antichambre peuvent seuls entrer en ligne de compte. Quand nous voulons de l'avancement dans notre corps, Duroc nous répond : « Vous ne faites partie de rien ; quittez vos généraux et rentrez dans la ligne. » C'est ce que j'ai essayé de faire, malgré toi, conviens-en ; mais alors on nous dit dans les bureaux de la guerre que rentrer dans la ligne c'est *un tour de faveur.*

Tu me reproches de n'être pas l'objet d'une de ces faveurs spéciales qui pleuvent cependant sur notre famille. Que veux-tu que je te réponde? Il est bien vrai que *** va être décoré. N'a-t-il pas gagné cela mieux que moi? Il est chambellan depuis trois mois, il annonce à merveille, il fait on ne peut mieux son service de salon. Moi, brutal, je n'ai fait que la guerre; est-ce ma faute si cela ne compte plus? ***, qui n'a jamais *entendu* tirer un coup de canon, est décoré aussi et de plus capitaine. Est-ce ma faute si je me suis trouvé au milieu des balles et des boulets? On ne nous avait pas avertis d'avance que cela nous nuirait un jour.

Il ne faut point croire que le hasard et les protections conspirent beaucoup pour ou contre nous. L'empereur a son système. J'ai été très-bien servi auprès de lui par Clarke et Caulaincourt. Dupont lui-même m'a rendu justice et bien servi dans ces derniers temps. Je ne me plains de personne, et surtout je n'envie personne. Je me réjouis des faveurs qui tombent sur mes parents et mes amis. Seulement je me dis que je ne parviendrai pas par le même chemin, parce que je ne sais pas m'y prendre. L'empereur seul travaille et nomme. Le ministre de la guerre n'est plus qu'un premier commis. L'empereur sait ce qu'il fait et ce qu'il veut faire. Il veut ramener à lui ceux qui ont fait les superbes, et entourer sa famille et sa personne de courtisans arrachés à l'ancien parti. Il n'a pas besoin de complaire à de petits officiers comme nous, qui avons fait la guerre par enthousiasme et dont il n'a rien à craindre. Si tu étais lancée dans le monde, dans l'intrigue, si tu conspirais contre lui avec les amis de l'étranger, tout irait mieux pour moi, je ne serais pas ignoré, délaissé; je n'aurais pas eu besoin de payer de ma personne, de dormir dans l'eau et dans la neige, d'exposer cent fois ma vie et de sacrifier notre petite aisance au service de la patrie. Je ne te reproche pas ton désintéressement, ta sagesse et ta vertu, ma bonne mère; au contraire, je t'aime, et t'estime et te vénère pour ton caractère. Pardonne-moi donc, à ton tour, de n'être qu'un brave soldat et un *sincère* patriote.

Consolons-nous pourtant. Vienne la guerre, et tout cela changera probablement. Nous serons bons à quelque chose quand il s'agira de coups de fusil, et alors on songera à nous.

Je ne veux pas relire la dernière page de ta lettre, je l'ai brûlée. Hélas! que me dis-tu? Non, ma mère, un galant homme ne se déshonore pas parce qu'il aime une femme, et une femme n'est pas une fille quand elle est aimée d'un galant homme qui répare envers elle les injustices de la destinée. Tu sais cela mieux que moi, et mes sentiments formés par tes leçons, que j'ai toujours religieusement écoutées, ne sont que le reflet de ton âme. Par quelle inconcevable fatalité me reproches-tu aujourd'hui d'être l'homme que tu as fait au moral comme au physique?

Au milieu de tes reproches, ta tendresse perce

toujours. Je ne sais qui t'a dit que pendant quelque temps j'avais été dans la misère, et tu t'en inquiètes après coup. Eh bien, il est vrai que j'ai habité un *petit grenier* l'été dernier, et que mon ménage de poëte et d'amoureux faisait un singulier contraste avec les chamarrures d'or de mon costume militaire. N'accuse personne de ce moment de gêne dont je ne t'ai point parlé et dont je ne me plaindrai jamais. Une dette que je croyais payée et dont l'argent avait passé par des mains infidèles a été la seule cause de ce petit désastre, déjà réparé par mes appointements. J'ai maintenant un petit appartement très-agréable, et je ne manque de rien.

Qu'est-ce que me dit donc d'Andrezel, que tu vas peut-être venir à Paris, peut-être vendre Nohant? Je n'y comprends rien. Ah! ma bonne mère, viens, et toutes nos peines s'envoleront dans une explication tendre et sincère. Mais ne vends pas Nohant, tu le regretterais.

Adieu, je t'embrasse de toute mon âme, bien triste et bien effrayée de ton mécontentement. Et cependant Dieu m'est témoin que je t'aime et que je mérite ton amour.

MAURICE.

Dans une dernière lettre de cette correspondance, mon père entretient assez longuement sa mère d'un incident qui paraissait la tourmenter beaucoup.

CHAPITRE NEUVIÈME.

On venait de publier les *Mémoires posthumes* de Marmontel. Ma grand'mère avait beaucoup connu Marmontel dans son enfance, mais elle ne m'en parla jamais, et les *Mémoires posthumes* expliquent assez pourquoi. Voici une page de ces mémoires :

« L'espèce de bienveillance que l'on avait pour
» moi dans cette cour[1] me servit cependant à me
» faire écouter et croire dans une affaire intéres-
» sante. L'acte de baptême d'Aurore, fille de made-
» moiselle Verrière, attestait qu'elle était fille du
» maréchal de Saxe[2]; et après la mort de son père,
» madame la Dauphine était dans l'intention de la
» faire élever. C'était l'ambition de la mère. Mais
» il vint dans la fantaisie de M. le Dauphin de dire
» qu'elle était ma fille, et ce mot fit son impression.
» Madame de Chalut me le dit en riant, mais je
» pris la plaisanterie de M. le Dauphin sur le ton le
» plus sérieux. Je l'accusai de légèreté; et, en of-
» frant de faire preuve que je n'avais connu made-
» moiselle Verrière que pendant le voyage du ma-
» réchal en Prusse et plus d'un an après la naissance
» de cet enfant, je dis que ce serait inhumainement
» lui ôter son véritable père que de me faire passer
» pour l'être. Madame de Chalut se chargea de plai-
» der cette cause devant madame la Dauphine, et

[1] Celle du Dauphin, père de Louis XVI.
[2] Marmontel se trompe, puisqu'il y eut lieu de rectifier cet acte par arrêt du Châtelet.

» M. le Dauphin céda. Ainsi Aurore fut élevée à
» leurs frais au couvent des religieuses de Saint-
» Cloud, et madame de Chalut[1], qui avait à Saint-
» Cloud sa maison de campagne, voulut bien se
» charger pour l'amour de moi et à ma prière des
» soins et des détails de cette éducation. »

Ce fragment ne pouvait mécontenter ma grand'-mère, et Marmontel avait certainement droit à sa reconnaissance. Mais, dans un autre endroit, l'auteur des *Incas* raconte avec moins de réserve ses relations avec mademoiselle Verrière. Bien qu'il y parle avec estime et affection de la conduite, du caractère et du talent de cette jeune actrice, il entre dans des détails d'intimité qui nécessairement devaient faire souffrir sa fille. Celle-ci en écrivit donc à mon père pour l'engager à voir s'il ne serait pas possible de faire supprimer le passage dans les nouvelles éditions. L'oncle Beaumont fut consulté. Il était également intéressé à l'affaire, puisque dans ce même passage Marmontel raconte comme quoi ayant été cause que le maréchal de Saxe avait retiré à mademoiselle Verrière la pension de douze mille livres qu'il lui faisait pour elle et sa fille, cette

---

[1] Cette madame de Chalut, qui était mademoiselle Varanchon, femme de chambre favorite de la première et de la seconde Dauphine, fut mariée par cette dernière, et son mari fut fait fermier général. Elle a tenu mon père sur les fonts de baptême avec le marquis de Polignac.

belle personne en fut dédommagée par le prince de Turenne, sous promesse, de la part de Marmontel, de ne plus la voir. Or, l'oncle Beaumont était, comme je l'ai déjà dit, fils de mademoiselle Verrière et de ce prince de Turenne duc de Bouillon. Cependant il prit la chose moins au sérieux.

« Beaumont assure, écrivait mon père à ma
» grand'mère, que cela ne mérite pas le chagrin
» que tu t'en fais. D'abord nous ne sommes pas
» assez riches, que je sache, pour racheter l'édition
» publiée et pour obtenir que la prochaine soit cor-
» rigée ; fussions-nous à même de le faire, cela don-
» nerait d'autant plus de piquant aux exemplaires
» vendus, et tôt ou tard nous ne pourrions empê-
» cher qu'on ne refît de nouvelles éditions confor-
» mes aux premières. Les héritiers de Marmontel
» consentiraient-ils d'ailleurs à cet arrangement
» avec les éditeurs? J'en doute, et nous ne sommes
» plus au temps où l'on pouvait sévir, soit par pro-
» messes, soit par menaces, soit par des lettres de
» cachet, contre la liberté d'écrire. On ne donne
» plus des coups de bâton à ces *faquins* d'auteurs
» et d'imprimeurs ; et toi, ma bonne mère, qui dès
» ce temps-là étais du parti des encyclopédistes et
» des philosophes, tu ne peux pas trouver mauvais
» que nous ayons changé de lois et de mœurs. Je
» comprends bien que tu souffres d'entendre parler
» si légèrement de ta mère, mais en quoi cela peut-il

» atteindre ta vie, qui a toujours été si austère, et
» ta réputation, qui est si pure? Pour mon compte,
» cela ne me fâche guère, qu'on sache dans le pu-
» blic ce qu'on savait déjà de reste dans le monde
» sur ma grand'mère maternelle. C'était, je le vois
» par les mémoires en question, une aimable femme,
» douce, sans intrigue, sans ambition, très-sage et
» de bonne vie, eu égard à sa position. Il en a été
» d'elle comme de bien d'autres. Les circonstances
» ont fait ses fautes, et son naturel les a fait accep-
» ter en la rendant aimable et bonne. Voilà l'im-
» pression qui me reste de ces pages dont tu te tour-
» mentes tant, et sois certaine que le public ne sera
» pas plus sévère que moi. »

Ici se terminent les lettres de mon père à sa mère. Sans doute il lui en écrivit beaucoup d'autres durant les quatre années qu'il vécut encore et qui amenèrent de fréquentes séparations à la reprise de la guerre. Mais la suite de leur correspondance a disparu, j'ignore pourquoi et comment. Je ne puis donc consulter pour la suite de l'histoire de mon père que ses états de service, quelques lettres écrites à sa femme et les vagues souvenirs de mon enfance.

Ma grand'mère se rendit à Paris dans le courant de ventôse avec l'intention de faire rompre le mariage de son fils, espérant même qu'il y consentirait, car jamais elle ne l'avait vu résister à ses larmes. Elle arriva d'abord à Paris à son insu, ne lui ayant pas fixé le jour de son départ et ne l'avertissant pas de son arrivée, comme elle en avait l'habitude. Elle commença par aller trouver M. Desèze, qu'elle consulta sur la validité du mariage. M. Desèze trouva l'affaire *neuve* comme la législation qui l'avait rendue possible. Il appela deux autres avocats célèbres, et le résultat de la consultation fut qu'il y avait matière à procès, parce qu'il y a toujours matière à procès dans toutes les affaires de ce monde, mais que le mariage avait neuf chances contre dix d'être validé par les tribunaux, que mon acte de naissance me constituait légitime, et qu'en supposant la rupture du mariage, l'intention comme le devoir de mon père serait infailliblement de remplir les formalités voulues et de contracter de nouveau mariage avec la mère de l'enfant qu'il avait voulu légitimer.

Ma grand'mère n'avait peut-être jamais eu l'intention formelle de plaider contre son fils. En eût-elle conçu le projet, elle n'en aurait certes pas eu le courage. Elle fut probablement soulagée de la moitié de sa douleur en renonçant à ses velléités hostiles, car on double son propre mal en tenant rigueur à ce qu'on aime. Elle voulut cependant passer encore quelques jours sans voir son fils, sans doute afin d'épuiser les résistances de son propre esprit et de prendre de nouvelles informations sur sa belle-fille. Mais mon père découvrit que sa mère était à Paris; il comprit qu'elle savait tout et me chargea de plaider sa cause. Il me prit dans ses bras, monta dans un fiacre, s'arrêta à la porte de la maison où ma grand'mère était descendue, gagna en peu de mots les bonnes grâces de la portière, et me confia à cette femme, qui s'acquitta de la commission ainsi qu'il suit :

Elle monta à l'appartement de ma bonne maman, et, sous le premier prétexte venu, demanda à lui parler. Introduite en sa présence, elle lui parla de je ne sais quoi, et, tout en causant, elle s'interrompit pour lui dire : Voyez donc, madame, la jolie petite fille dont je suis grand'mère ! Sa nourrice me l'a apportée aujourd'hui, et j'en suis si heureuse que je ne peux pas m'en séparer un instant. — Oui, elle est très-fraîche et très-forte, dit ma grand'mère en cherchant sa bonbonnière. Et tout aussitôt la bonne femme, qui jouait fort bien son rôle, me déposa sur les genoux de la bonne maman, qui m'offrit des friandises et commença à me regarder avec une sorte d'étonnement et d'émotion. Tout à coup elle me repoussa en s'écriant : Vous me trompez, cette enfant n'est pas à vous; ce n'est pas à vous qu'elle ressemble!..... Je sais, je sais ce que c'est !.....

Effrayée du mouvement qui me chassait du sein maternel, il paraît que je me mis non à crier, mais à pleurer de vraies larmes, qui firent beaucoup d'effet. « Viens, mon pauvre cher amour, dit la portière en me reprenant, on ne veut pas de toi, allons-nous-en. »

Ma pauvre bonne maman fut vaincue. « Rendez-la-moi, dit-elle. Pauvre enfant, tout cela n'est pas sa faute! Et qui a apporté cette petite? — Monsieur votre fils lui-même, madame; il attend en bas, je vais lui reporter sa fille. Pardonnez-moi si je vous ai offensée; je ne savais rien, je ne sais rien, moi! J'ai cru vous faire plaisir, vous faire une belle surprise... — Allez, allez, ma chère, je ne vous en veux pas, dit ma grand'mère; allez chercher mon fils et laissez-moi l'enfant. »

Mon père monta les escaliers quatre à quatre. Il me trouva sur les genoux, contre le sein de ma bonne maman, qui pleurait en s'efforçant de me faire rire. On ne m'a pas raconté ce qui se passa entre eux, et comme je n'avais que huit ou neuf mois, il est probable que je n'en tins pas note. Il est probable aussi qu'ils pleurèrent ensemble et s'aimèrent d'autant plus. Ma mère, qui m'a raconté cette première aventure de ma vie, m'a dit que lorsque mon père me ramena auprès d'elle, j'avais dans les mains une belle bague avec un gros rubis, que ma bonne maman avait détachée de son doigt en me chargeant de la mettre à celui de ma mère, ce que mon père me fit observer religieusement[1].

[1] Je porte toujours cette bague.

Quelques temps se passèrent encore cependant avant que ma grand'mère consentit à voir sa belle-fille; mais déjà le bruit se répandait que son fils avait fait un mariage *disproportionné*, et le refus qu'elle faisait de la recevoir devait nécessairement amener des inductions fâcheuses contre ma mère, contre mon père par conséquent. Ma bonne maman fut effrayée du tort que sa répugnance pouvait faire à son fils. Elle reçut la tremblante Sophie, qui la désarma par sa soumission naïve et ses tendres caresses. Le mariage religieux fut célébré sous les yeux de ma grand'mère, après quoi un repas de famille scella officiellement l'adoption de ma mère et la mienne.

Je dirai plus tard, en consultant mes propres souvenirs, qui ne peuvent me tromper, l'impression que ces deux femmes si différentes d'habitudes et d'opinions produisaient l'une sur l'autre. Il me suffira de dire, quant à présent, que, de part et d'autre, les procédés furent excellents, que les doux noms de mère et de fille furent échangés, et que si le mariage de mon père fit un petit scandale entre les personnes d'un entourage intime assez restreint, le monde que mon père fréquentait ne s'en occupa nullement, et accueillit ma mère sans lui demander compte de ses aïeux ou de sa fortune. Mais elle n'aima jamais le monde et ne fut présentée à la cour de Murat que contrainte et forcée, pour ainsi dire, par les fonctions que mon père remplit plus tard auprès de ce prince.

Ma mère ne se sentit jamais ni humiliée ni honorée de se trouver avec des gens qui eussent pu se croire au-dessus d'elle. Elle raillait finement l'orgueil des sots, la vanité des parvenus, et, se sentant peuple jusqu'au bout des ongles, elle se croyait plus noble que tous les patriciens et les aristocrates de la terre. Elle avait coutume de dire que ceux de sa race avaient le sang plus rouge et les veines plus larges que les autres, ce que je croirais assez, car si l'énergie morale et physique constitue en réalité l'excellence des races, on ne saurait nier que cette énergie ne soit condamnée à diminuer dans celles qui perdent l'habitude du travail et le courage de la souffrance. Cet aphorisme ne serait certainement pas sans exception, et l'on peut ajouter que l'excès du travail et de la souffrance énervent l'organisation tout aussi bien que l'excès de la mollesse et de l'oisiveté. Mais il est certain, en général, que la vie part du bas de la société et se perd à mesure qu'elle monte au sommet, comme la séve dans les plantes.

Ma mère n'était point de ces intrigantes hardies, dont la passion secrète est de lutter contre les préjugés de leur temps, et qui croient se grandir en s'accrochant, au risque de mille affronts, à la fausse grandeur du monde. Elle était mille fois trop fière pour s'exposer même à des froideurs. Son attitude était si réservée qu'elle semblait timide ; mais si on essayait de l'encourager par des airs protecteurs, elle devenait plus que réservée, elle se montrait froide et taciturne. Son maintien était excellent avec les personnes qui lui inspiraient un respect fondé ; elle était alors prévenante et charmante ; mais son véritable naturel était enjoué, taquin, actif, et par-dessus tout ennemi de la contrainte. Les grands dîners, les longues soirées, les visites banales, le bal même lui étaient odieux. C'était la femme du coin du feu ou de la promenade rapide et folâtre ; mais, dans son intérieur, comme dans ses courses, il lui fallait l'intimité, la confiance, des relations d'une sincérité complète, la liberté absolue de ses habitudes et de l'emploi de son temps. Elle vécut donc toujours retirée, et plus soigneuse de s'abstenir de connaissances gênantes que jalouse d'en faire d'avantageuses. C'était bien là le fond du caractère de mon père, et, sous ce rapport, jamais époux ne furent mieux assortis. Ils ne se trouvaient heureux que dans leur petit ménage. Partout ailleurs ils étouffaient de mélancoliques bâillements, et ils m'ont légué cette secrète sauvagerie qui m'a rendu toujours le monde insupportable et le *home* nécessaire.

Toutes les démarches que mon père avait faites, avec beaucoup de tiédeur, il faut l'avouer, n'aboutirent à rien. Il avait eu mille fois raison de le dire, il n'était pas fait pour gagner ses éperons en temps de paix, et les campagnes d'antichambre ne lui réussissaient pas. La guerre seule pouvait le faire sortir de l'impasse de l'état-major.

Il retourna au camp de Montreuil avec Dupont. Ma mère l'y suivit au printemps de 1805, et y passa deux ou trois mois au plus, durant lesquels ma tante Lucie prit soin de ma sœur et de moi. Cette sœur, dont j'aurai à parler plus tard et dont j'ai déjà signalé l'existence, n'était pas fille de mon père. Elle avait cinq ou six ans de plus que moi et s'appelait Caroline. Ma bonne petite tante Lucie avait, je l'ai dit, épousé M. Maréchal, officier retraité, dans le même temps que ma mère épousait mon père. Une fille était née de leur union cinq ou six mois après ma naissance. C'est ma chère cousine Clotilde, la meilleure amie peut-être que j'aie jamais eue. Ma tante demeurait alors à Chaillot, où mon oncle avait acheté une petite maison, alors en pleine campagne, et qui serait aujourd'hui en pleine ville. Elle louait pour nous promener l'âne d'un jardinier du voisinage. On nous mettait sur du foin dans les paniers destinés à porter les fruits et les légumes au marché, Caroline dans l'un, Clotilde et moi dans l'autre. Il paraît que nous goûtions fort « cette façon d'aller. »

Pendant ce temps-là, l'empereur Napoléon, occupé d'autres soins et s'amusant à d'autres chevauchées, s'en allait en Italie mettre sur sa tête la couronne de fer. *Guai a chi la tocca!* avait dit le grand homme. L'Angleterre, l'Autriche et la Russie résolurent d'y toucher, et l'empereur leur tint parole.

Au moment où l'armée réunie au rivage de la Manche attendait avec impatience le signal d'une descente en Angleterre, l'empereur, voyant sa fortune trahie sur les mers, changea tous ses plans dans une nuit : une de ces nuits d'inspiration où la fièvre se faisait froide dans ses veines, et le découragement d'une entreprise tout-puissant pour une entreprise nouvelle dans son esprit.

CHAPITRE DIXIÈME

Campagne de 1805. — Lettres de mon père à ma mère. — Affaire d'Haslach. — Lettre de Nuremberg. — Belles actions de la division Gazan et de la division Dupont sur les rives du Danube. — Belle conduite de Mortier. — Lettre de Vienne. — Le général Dupont. — Mon père passe dans la ligne avec le grade de capitaine et la croix. — Campagne de 1806 et 1807. — Lettres de Varsovie et de Rosemberg. — Suite de la campagne de 1807. — Radeau de Tilsitt. — Retour en France. — Voyage en Italie. — Lettres de Venise et de Milan. — Fin de la correspondance avec ma mère et commencement de ma propre histoire.

L'amiral Villeneuve, qui, au lieu de sortir du Ferrol et de cingler sur Brest pour se réunir à Gantheaume, avait perdu la tête et mis le comble à ses fautes incroyables en se faisant bloquer dans Cadix, avait fait échouer le projet d'une descente en Angleterre. La Russie et l'Autriche avaient conclu un traité d'alliance et mettaient cinquante mille hommes sur pied. L'Angleterre fournissait à chaque puissance coalisée un subside de quinze mille livres sterling par dix mille hommes. La réunion de Gênes à la France, survenue deux mois après la signature du traité qui constituait la troisième coalition contre la France, fut le prétexte apparent de la rupture de la paix continentale. Napoléon changea tous ses projets. Il résolut de rester sur la défensive en Italie et de prendre l'offensive en Allemagne.

En dix-sept jours, Bernadotte venant de Hanovre, Marmont de la Hollande, se rendirent à Wurtzbourg, sur le flanc droit de l'armée autrichienne, rassemblée entre Ulm et Memmingen, sur la rive droite du Danube, et commandée par le général Mack. En vingt-quatre jours les corps d'armée réunis au camp de Boulogne traversèrent secrètement la France et vinrent prendre position sur le Rhin.

L'empereur se mit à la tête de cette masse de cent quatre-vingt mille hommes, qui reçut le nom de *grande armée*. La grande armée devait opérer sur le Danube pendant que Masséna, avec cinquante mille hommes, pousserait l'archiduc Charles sur l'Adige. Le plan de Napoléon était de tourner le corps du général Mack en faisant filer ses divisions par le bas Danube, de manière à couper ses communications avec l'armée russe qui s'avançait par la Gallicie.

Le sixième corps, commandé par le maréchal Ney, et dont faisait partie la division Dupont, quitta ses cantonnements de Montreuil, traversa la Flandre, la Picardie, la Champagne, la Lorraine, et arriva sur le Rhin du 23 au 24 septembre 1805. Tous avaient marché avec une ardeur sans pareille.

Il y avait cinq ans que ces soldats n'avaient combattu, et c'était la première fois que Napoléon, depuis qu'il était empereur, paraissait à la tête de ses armées.

« La division Dupont, dit M. Thiers (*Histoire du Consulat*), en traversant le département de l'Aisne, avait laissé en arrière une cinquantaine d'hommes appartenant à ce département. Ils étaient allés visiter leurs familles, et le surlendemain ils avaient tous rejoint. Après avoir fait cent cinquante lieues au milieu de l'automne, sans se reposer un seul jour, l'armée n'avait ni malades ni traînards, exemple unique dû à l'esprit des troupes et à un long campement. »

LETTRE PREMIÈRE

DE MON PÈRE A MA MÈRE.

Haguenau, 1ᵉʳ vendémiaire an XIV (22 sept. 1805).

J'arrive avec Decouchy pour faire ici le logement de notre division, comme c'est notre coutume. Nous dînons chez le maréchal Ney. Il nous avertit que nous allons faire vingt lieues sans débrider, passer le Rhin et ne faire halte qu'à Dourlach, où nous devons rencontrer l'ennemi.

Après une marche de cent cinquante lieues, une

pareille galopade est capable de nous crever tous. N'importe, c'est l'ordre. En passant le Rhin, nous prenons sous nos ordres le premier régiment de hussards et quatre mille hommes des troupes de l'électeur de Baden. Ainsi nous allons être très-forts avec cette division de douze mille hommes. Tu entendras parler de nous. Ah! mon amie, loin de toi, les bagarres et les batailles sont les seules distractions que je puisse goûter, car sans toi les plaisirs me paraissent des motifs de tristesse, et tout ce qui peut rendre les autres inquiets et agités, en les mettant à mon niveau, me les fait paraître plus supportables. Je jouis intérieurement des figures renversées de beaucoup de gens très-braves et très-importants en temps de paix. Les routes sont couvertes des voitures de la cour, remplies de pages, de chambellans et de laquais voyageant en bas de soie blancs. Gare les éclaboussures!

Vraiment si je pouvais me réjouir de quelque chose quand je ne te vois pas, je crois que je serais content à l'approche du branle-bas qui se prépare. Ne crains pas d'infidélités, car de longtemps je n'aurai rien à démêler qu'avec le sexe masculin. Messieurs de l'Autriche vont nous donner du travail, et, du train dont on nous mène, je ne crois pas qu'on nous laisse le temps de penser à mal.

Je n'irai point à Strasbourg et ne verrai ni ***, ni ***, ni ***, qui ne sont point gens à fréquenter les coups de fusil. Depuis que je t'ai quittée, je n'ai pas eu un seul moment de repos. Il y a six nuits que je n'ai dormi et huit jours que je n'ai pu me déshabiller. Toujours en avant pour les logements, j'en ai une extinction de voix. Je te demande si c'est dans cet équipage, et quand je te porte tout entière dans mon cœur, que je puis penser à aller faire l'agréable auprès des belles des villages que nous traversons en poste. Ce serait bien plutôt à moi d'être inquiet si je ne croyais pas à ton amour, si je n'en connaissais pas toute la délicatesse. Ah! si je me mettais à être jaloux, je le serais même d'un regard de tes yeux, et pour un rien je deviendrais le plus malheureux des hommes; mais loin de moi cette injure à notre amour! J'ai reçu, ma chère femme, ta lettre de Sarrebourg. Elle est aimable comme toi, elle m'a rendu la vie et le courage. Que notre Aurore est gentille! Que tu me donnes d'impatience de revenir pour vous serrer toutes deux dans mes bras! Je t'en conjure, chère amie, donne-moi souvent de tes nouvelles. Adresse-moi tes lettres : *A Monsieur Dupin, aide de camp du général Dupont commandant la première division du sixième corps sous les ordres du maréchal Ney.* » De cette manière, quelque mouvement que fasse l'armée, je les recevrai. Songe, chère femme, que c'est le seul plaisir que je puisse goûter loin de toi, au milieu des fatigues de cette campagne.

Parle-moi de ton amour, de notre enfant. Songe que tu m'arracherais la vie si tu cessais de m'aimer. Songe que tu es ma femme, que je t'adore, que je n'aime l'existence que pour toi, et que je t'ai consacré la mienne. Songe que rien au monde, excepté l'honneur et le devoir, ne peut me retenir loin de toi, que je suis au milieu des fatigues et des privations de toute espèce, et qu'elles ne me paraissent rien en comparaison de celle que me cause ton absence. Songe que l'espoir seul de te retrouver me soutient et m'attache à la vie.

Adieu, chère femme, je tombe de fatigue. J'ai un lit pour cette nuit. D'ici à longtemps je n'en trouverai plus, et je vais en profiter pour rêver de toi. Adieu donc, chère Sophie, je t'écrirai de Dourlach, si je peux. Reçois mille tendres baisers et donnes-en pour moi tout autant à Aurore. Sois sans inquiétude, je sais faire mon métier, je suis heureux à la guerre ; le brevet et la croix m'attendent.

P. S. Où as-tu pris qu'on payait double en temps de guerre ? C'est plus que le contraire, car il n'est pas seulement question de l'arrivée du payeur. Cependant, comme nous n'avons pas de mer à traverser et qu'il viendra tôt ou tard, ne crains rien pour moi et ne me garde rien de l'argent que ma mère aura à te remettre. Écris-lui pour la prévenir de ton arrivée à Paris.

CHAPITRE DIXIÈME.

Je vais essayer de faire suivre rapidement à mon lecteur la marche de la division Dupont, et par conséquent celle de mon père pendant cette mémorable campagne qui allait aboutir à la bataille d'Austerlitz.

Le 25 septembre le 6ᵉ corps, dont elle faisait partie, passa le Rhin entre Lauterbourg et Carlsruhe et vint jusqu'à Stuttgard, après avoir traversé les vallées qui descendent de la chaîne des Alpes de Souabe. Le 6 octobre, nos six corps d'armée étaient arrivés sans accidents au delà de cette chaîne. Le 7, ils passèrent le Danube. Mais le corps de Ney fut laissé sur la rive gauche, couvrant la route de Wurtemberg. Le 10, l'armée se rapprocha d'Ulm afin de serrer de plus près le général Mack, qui persistait à s'y maintenir. La division resta seule sur la rive gauche du fleuve; forte de six mille hommes, elle engagea une lutte glorieuse et presque sans exemple contre un corps de vingt-cinq mille Autrichiens. Elle les arrêta dans leur marche et enleva à l'armée du malheureux Mack le dernier espoir de salut, en lui fermant la route de la Bohême. Le 14 octobre, le général Dupont, qui avait dû se porter vers Albeck afin de cacher à l'ennemi le petit nombre de ses soldats et son isolement sur la rive gauche, revint sur les plateaux boisés d'Haslach qu'il avait illustrés trois jours avant par une héroïque résistance. Après avoir maintenu le gros de l'armée autrichienne dans Ulm, il lui était réservé d'empêcher, sur le même champ de bataille, la jonction du corps du général Werneck, qui, sorti d'Ulm la veille pour pousser une reconnaissance, ne put y rentrer.

Cependant la discorde était dans l'état-major du général autrichien. Mack, fidèle au plan de campagne dressé par le conseil aulique, persistait à attendre dans ses retranchements l'arrivée de l'armée russe de Kutusof. Le prince de Schwartzenberg et l'archiduc Ferdinand voulaient gagner la Bohême en passant sur les divisions Ney et Dupont. Mais, ne pouvant vaincre la résistance du général en chef, l'archiduc résolut, grâce à sa position indépendante, d'accomplir son dessein. Il partit dans la nuit avec six ou sept mille chevaux et un corps d'infanterie pour rejoindre Werneck.

Murat, à la tête de la brave division Dupont, des grenadiers Oudinot et de sa réserve de cavalerie, se mit à leur poursuite. Il les suivit pendant quatre jours sans prendre de repos, faisant plus de dix lieues par jour, et ne s'arrêta qu'au delà de Nuremberg, après avoir battu et détruit ce corps d'armée. Les Français avaient fait douze mille prisonniers, pris cent vingt pièces de canon, cinq cents voitures, onze drapeaux, deux cents officiers, sept généraux et le trésor de l'armée autrichienne. Le prince Ferdinand faillit être pris et gagna la route de Bohême avec deux ou trois mille chevaux.

LETTRE II

DE MON PÈRE A MA MÈRE

Nuremberg, 29 vendémiaire an XIV.

Nous sommes ici, ma chère femme, depuis hier soir, après avoir poursuivi l'ennemi sans relâche pendant quatre jours; nous avons fait toute l'armée autrichienne prisonnière, à peine en est-il resté quelques-uns pour porter la nouvelle et l'épouvante au fond de l'Allemagne. Le prince Murat, qui nous commande, est très-content de nous, et doit, demain ou après, demander pour moi la croix à l'empereur, ainsi que pour trois autres officiers de la division.

Je ne te parlerai pas des fatigues et des dangers de ces dix journées. Ce sont les inconvénients du métier. Que sont-ils en comparaison des inquiétudes et des chagrins que me cause ton absence! Je ne reçois point de tes nouvelles. On dit même que l'ennemi ayant inquiété continuellement notre gauche, aucune lettre de nous n'a pu passer en France. Juge de mon tourment, de mon angoisse ! Sais-je si tu n'es pas horriblement inquiète de moi ? si tu as reçu l'argent que je t'ai fait passer ? si mon Aurore se porte bien ? Être séparé de ce que j'ai de plus cher au monde sans pouvoir en obtenir un seul mot ! Sois courageuse, mon amie ! Songe que notre séparation ne peut altérer mon amour. Quel bonheur de nous retrouver pour ne plus nous séparer ! Dès que la campagne sera terminée, avec quelle ivresse je volerai dans tes bras pour ne plus m'en arracher, et te consacrer, ainsi qu'à Aurore, tous mes soins et tous mes instants ! Cette idée seule me soutient contre l'ennui et le chagrin qui loin de toi m'assiégent. Au milieu des horreurs de la guerre, je me reporte près de toi, et ta douce image me fait oublier le vent, le froid, la pluie et toutes les misères auxquelles nous sommes livrés. De ton côté, chère amie, pense à moi. Songe que je t'ai voué l'amour le plus tendre, et que la mort seule pourra l'éteindre dans mon cœur. Songe que le moindre refroidissement de ta part empoisonnerait le reste de ma vie, et que si j'ai pu te quitter, c'est que le devoir et l'honneur m'en faisaient une loi sacrée.

Nous quittons demain Nuremberg à cinq heures du matin pour nous rendre à Ratisbonne, où nous arriverons dans trois jours. Le prince Murat commande toujours notre division.

Après la reddition d'Ulm, Napoléon se dirigea rapidement sur Vienne en suivant la vallée du Danube. Le gros de l'armée marchait par la rive droite du fleuve. Une flottille, portant de l'artillerie et dix mille hommes, descendait parallèlement, prête à venir au secours soit des troupes de la rive droite, soit des divisions Gazan et Dupont, qui occupaient la rive gauche sous le commandement supérieur du général Mortier. A quelques lieues de Vienne, le corps de la rive gauche se trouva tout à coup en présence de l'ennemi : c'était l'armée russe de Kutusof qui, restée en arrière de Mack, à Braunau, et renonçant à couvrir la capitale de l'Autriche, avait passé le Danube à Mautern et allait en Moravie au-devant de la deuxième armée russe. La division Gazan, entraînée par l'élan de Murat, qui, avec l'avant-garde de l'armée principale, s'avançait trop rapidement sur Vienne par la rive droite, avait laissé une marche entre elle et la division Dupont. Mortier, surpris de rencontrer les Russes, qu'il croyait devant Vienne, les poussa néanmoins vivement jusqu'à Stein. Cependant, reconnaissant bientôt qu'il avait affaire à toute une armée, il fut obligé de rétrograder sur Diernstein. Mais il trouva ce point occupé par quinze mille Russes qui l'avaient tourné. On recommença dans l'obscurité le combat livré le matin. Ces cinq mille héros étaient entourés de toutes parts par des masses énormes. Il ne vint à personne l'idée de capituler. Quelques officiers conseillèrent à Mortier de s'embarquer seul et de traverser le fleuve, afin de ne pas laisser à l'ennemi un aussi beau trophée qu'un maréchal de France. « — Non, répondit l'illustre maréchal, on ne se sépare pas d'aussi braves gens. On se sauve ou on périt avec eux. » Il était là, l'épée à la main, combattant à la tête de ses grenadiers. Tout à coup, on entend un feu violent sur les derrières de Diernstein. C'est l'infatigable division Dupont qui, apprenant la fâcheuse position du maréchal, avait doublé son étape pour marcher au feu. Les soldats qui avaient si glorieusement combattu à Haslach se précipitèrent sur les Russes, et les colonnes se rejoignirent à Diernstein à la lueur du feu. Les cinq mille hommes de la division Gazan, qui avaient résisté tout un jour à trente mille Russes, étaient réduits à deux mille cinq cents. Napoléon envoya les plus éclatantes récompenses aux deux divisions Gazan et Dupont. Après la campagne elles furent établies à Vienne même pour s'y refaire de leurs fatigues et de leurs blessures.

LETTRE III

DE MON PÈRE A MA MÈRE.

Vienne, le 30 brumaire an XIV.

Ma femme, ma chère femme, ce jour est le plus beau de ma vie. Dévoré d'inquiétude, excédé de fatigue, j'arrive à Vienne avec la division. Je ne sais si tu m'aimes, si tu te portes bien, si mon Aurore est triste ou joyeuse, si ma femme est toujours ma Sophie. Je cours à la poste, mon cœur bat d'espérance et de crainte. Je trouve une lettre de toi; je l'ouvre avec transport, je tremble de bonheur en lisant les douces expressions de ta tendresse. Oh, oui! chère femme, c'est pour la vie que je suis à toi, rien au monde ne peut altérer l'ardent amour que je te porte, et tant que tu le partageras, je défierai le sort, la fortune et les ridicules injustices. J'avais grand besoin de lire une lettre de ma femme pour me faire supporter l'ennui de mon existence.

Après m'être battu en bon soldat, avoir exposé cent fois ma vie pour le succès de nos armes, avoir vu périr à mes côtés mes plus chers amis, j'ai eu le chagrin de voir nos plus brillants exploits ignorés, défigurés, obscurcis par la valetaille militaire. *Je m'entends* et tu dois m'entendre et reconnaître les courtisans. Sans cesse à la tête des régiments de notre division, j'ai vu que le courage et l'intrépidité étaient des qualités inutiles, et que la faveur seule distribuait ses lauriers. Enfin nous étions six mille il y a deux mois, nous ne sommes plus que trois mille aujourd'hui. Pour notre part, nous avons pris cinq drapeaux à l'ennemi, dont deux aux Russes ; nous avons fait cinq mille prisonniers, tué deux mille hommes, pris quatre pièces de canon, le tout dans l'espace de six semaines, et nous voyons citer tous les jours dans les rapports des gens *qui n'ont rien fait du tout*, tandis que nos noms restent dans l'oubli. L'estime et l'affection de nos camarades me consolent. Je reviendrai pauvre diable, mais avec des amis que j'ai faits sur le champ de bataille et qui sont plus sincères que messieurs de la cour. Je t'ennuie de mon humeur noire ; mais à qui puis-je conter mes chagrins si ce n'est à ma Sophie, et qui peut mieux qu'elle les partager et les adoucir ?

Enfin, comme nos soldats sont excédés, que nous nous sommes battus *sans relâche* pendant huit jours avec les Russes, on nous a renvoyés de la Moravie ici pour prendre quelque repos. J'ai tout perdu à l'affaire d'Haslach [1]. Je m'en suis indemnisé depuis

---

[1] Pendant cette glorieuse affaire les Autrichiens s'étaient jetés, à Albeck, sur les bagages de la division Dupont, et

aux dépens d'un officier des dragons de Latour auquel j'ai fait mettre pied à terre.

On nous promet toujours de fort belles choses, mais Dieu sait si cela viendra. Ma mère m'écrit que tu ne manqueras de rien et que je puis être tranquille. A propos! de quelle nouvelle folie m'as-tu régalé? J'en ai fait rire Debaine aux larmes; mademoiselle Roumier est ma vieille bonne, à qui ma mère fait une pension pour m'avoir élevé. Elle avait quarante ans quand je vins au monde. Le beau sujet de jalousie! Je raconte cette folie à tous nos amis.

J'ai vu ce matin Billette. Sa vue, qui me rappelait la rue Meslay, m'a causé une joie infinie. Je l'ai embrassé comme mon meilleur ami, parce que je pouvais lui parler de toi et qu'il pouvait me répondre. Quoiqu'il n'eût pas de nouvelles directes à me donner de ta santé, je l'ai questionné jusqu'à l'ennuyer.

On parle de nous renvoyer bientôt en France, car la guerre finit ici faute de combattants. Les Autrichiens n'osent plus se mesurer avec nous, ils sont terrifiés. Les Russes sont en pleine déroute. On nous regarde ici avec stupéfaction. Les habitants de Vienne peuvent à peine croire à notre présence.

s'en étaient emparés, ramassant ainsi, dit M. Thiers, quelques vulgaires trophées, triste consolation d'une défaite essuyée par vingt-cinq mille hommes contre six mille.

D'ailleurs cette ville est assez insipide. Depuis vingt-quatre heures que j'y suis, je m'y ennuie comme dans une prison. Les gens riches se sont enfuis, les bourgeois tremblent et se cachent, le peuple est frappé de stupeur. On dit que nous repartirons dans trois ou quatre jours pour marcher sur la Hongrie et faire mettre bas les armes aux débris de l'armée autrichienne, et hâter par là la conclusion de la paix.

Sois toujours maussade en mon absence. Oui, chère femme, c'est ainsi que je t'aime. Que personne ne te voie ; ne songe qu'à soigner notre fille, et je serai heureux autant que je puis l'être loin de toi.

Adieu, chère amie, j'espère te serrer bientôt dans mes bras. Mille baisers pour toi et pour mon Aurore.

———

Cet *on dit* sur une nouvelle marche en Hongrie aboutit à la bataille d'Austerlitz, le 4 décembre 1805. J'ignore si mon père y assista. Bien que plusieurs personnes me l'aient affirmé et que son article nécrologique l'atteste, je ne le crois pas, car la division Dupont, exténuée par les prodiges d'Haslach et de Diernstein, dut rester à Vienne pour se refaire, et le nom de Dupont ne se trouve dans aucune des relations que j'ai lues de la bataille d'Austerlitz.

Disons en passant un mot sur Dupont, ce général si coupable ou si malheureux en Espagne à Baylen, et si honteusement récompensé par la restauration d'avoir été un des premiers à trahir la gloire de l'armée française dans la personne de l'empereur. Il est certain que dans la campagne que nous venons d'esquisser il se montra grand homme de guerre. On a vu que mon père le jugeait légèrement en temps de paix, mais sérieusement ailleurs. L'empereur avait-il une méfiance, une prévention secrète contre Dupont? Il devait en être ainsi, ou bien Dupont aimait à jouer le rôle de mécontent. Il est bien certain que les plaintes de mon père dans la lettre qu'on vient de lire sont inspirées par un sentiment collectif. Il n'était pas, quant à lui, un personnage assez important pour se croire l'objet d'une inimitié particulière. Je ne sais pas quels sont ces courtisans, cette valetaille militaire contre laquelle mon père regimbe avec tant d'amertume. Comme il avait le caractère le plus bienveillant et le plus généreux qui se puisse rencontrer, il faut croire qu'il y avait dans ses plaintes quelque chose de fondé.

On sait d'ailleurs combien d'inimitiés, de rivalités et de colères l'empereur eut à contenir durant cette campagne, quelles fautes commit Murat par audace et par présomption, quelles indignations furent soulevées dans l'âme de Ney à ce propos. Qu'on se reporte à l'histoire, on trouvera sûrement la clef de cette douleur que mon père nourrit sur les champs de bataille, et qui marque un changement bien notable dans les dispositions de ceux qui avaient suivi le premier consul avec tant d'ivresse à Marengo. Sans doute elles sont magnifiques, ces campagnes de l'empire, et nos soldats y sont des héros de cent coudées. Napoléon y est le plus grand général de l'univers. Mais comme l'esprit de cour a déjà défloré les jeunes enthousiastes de la république! A Marengo, mon père écrivait en post-scriptum à sa mère : « Ah! mon Dieu, j'allais oublier » de te dire que je suis nommé lieutenant sur le » champ de bataille. » Preuve qu'il n'avait guère pensé à sa fortune personnelle en combattant avec l'ivresse de la cause. A Vienne, il écrit à sa femme pour exprimer un doute dédaigneux sur la récompense qui l'attend. Chacun sous l'empire songe à soi; sous la république, c'était à qui s'oublierait.

Quoi qu'il en soit, la disgrâce apparente dont la carrière de mon père semblait être frappée depuis le passage du Mincio cessa avec la campagne de 1805. Il obtint enfin de passer dans la ligne, et fut nommé capitaine du 1er hussards le 30 frimaire an XIV (20 décembre 1805)[1]. Il revint à Paris, puis nous emmena, ma mère, Caroline et moi, à son régi-

---

[1] Il obtint aussi la croix de la Légion d'honneur à cette époque.

CHAPITRE DIXIÈME.

ment, qui était en garnison je ne sais où. Lorsqu'il repartit pour la campagne de 1806, il écrivait à sa femme à Tongres, au dépôt, chez le quartier-maître du régiment. Probablement il fit un voyage à Nohant dans l'intervalle, mais je ne retrouve son histoire que dans les quelques lettres qui vont suivre.

On devait prévoir que l'éclatante victoire qui avait clos, à Austerlitz, la campagne de 1805 contre les Autrichiens et les Russes, conserverait à l'Europe une paix si vaillamment disputée, si chèrement acquise, mais il n'en fut rien. La Prusse, qui depuis 1792 s'était tenue à l'écart, allait recommencer les hostilités contre la France victorieuse. Tout le monde fut surpris en Europe de cette détermination aussi téméraire qu'imprévue du cabinet de Berlin; mais, comme le dit M. Thiers, les cabinets ont aussi leurs passions, et « ces irritations subites qui,
» dans la vie privée, s'emparent quelquefois de deux
» hommes et leur mettent le fer à la main, sont
» tout aussi souvent, plus souvent même qu'un in-
» térêt réfléchi, la cause qui précipite deux nations
» l'une sur l'autre. »

Devant cette nouvelle agression, Napoléon eut bientôt pris son parti. Une armée prussienne ayant envahi la Saxe, il considéra la guerre comme déclarée, fit rapidement toutes ses dispositions, et partit de Mayence dans les derniers jours de septembre pour entrer en Prusse à la tête de la grande armée. L'empereur se sépara à Mayence de sa cour et de l'impératrice, et se rendit à Wurtzbourg accompagné seulement de sa maison militaire.

La division Dupont, toujours employée séparément depuis les combats de Haslach et d'Albeck, et qui avait occupé le grand-duché de Berg, avait été ramenée sur Mayence et Francfort aux premiers bruits de guerre. Mon père se trouvait donc à Mayence lorsque Napoléon y arriva.

DE MON PÈRE A MA MÈRE.

Primlingen, 2 octobre 1806.

Depuis Mayence nous avons été tellement errants, que je n'ai pu trouver un moment pour te donner de mes nouvelles. D'abord, je t'aime avec idolâtrie; ceci n'est pas nouveau pour toi, mais c'est ce que je suis le plus pressé de te dire. Ah! que je suis las d'être séparé de toi! Je jure bien que cette campagne-ci finie, quoi qu'il arrive, je ne te quitterai plus.

Notre pauvre colonel est bien malade. La fatigue

de la marche a renouvelé ses douleurs néphrétiques, et il a été obligé de s'en retourner hier à Francfort. Son état et son départ dans cette circonstance affligent infiniment le régiment, et je le regrette encore plus que tout le monde. Depuis trois jours, j'ai fait trente-six lieues avec ma compagnie pour escorter l'empereur. Il est arrivé hier soir à Wurtzbourg. Nous sommes cantonnés aux environs. Toute la garde à pied est arrivée. Chemin faisant l'empereur m'a fait plusieurs questions sur le régiment, et à la dernière, que le bruit de la voiture m'empêchait d'entendre, et que pourtant il répéta trois fois, je répondis à tout hasard : *Oui, sire.* Je le vis sourire, et je juge que j'aurai dit une fière bêtise. S'il pouvait me donner ma retraite comme idiot ou sourd, je m'en consolerais bien en retournant près de toi !

Voici le froid qui arrive, et je regrette beaucoup de n'avoir pas emporté ma pelisse; fais-moi le plaisir de la remettre à Chapotot, qui, d'une manière ou de l'autre, me la fera passer. Ne mets pas cette recommandation en papillotes; car entre ta pincette et tes jolis cheveux elle pourrait avoir trop chaud, tandis que je gèlerais ici, loin de toi, dans mon *caracot de singe.*

Adieu, ma jolie femme, ma chère amie, ce que j'aime, ce que je regrette, ce que je désire le plus au monde. Je t'embrasse de toute mon âme, j'aime mon Aurore, nos enfants, ta sœur, tout ce qui est *nous*.

Nous avons une poste à notre division, ainsi j'ai l'espoir de recevoir souvent de tes nouvelles.

L'arrivée subite de Napoléon à Wurtzbourg changea les dispositions des chefs de l'armée prussienne. Ceux-ci, frappés par la nouvelle tactique qui avait si puissamment contribué aux succès rapides de la précédente campagne contre les Autrichiens et les Russes, au lieu de garder la défensive en choisissant les terrains les plus favorables et en laissant l'armée française venir jusqu'à eux à travers toutes les difficultés d'une marche en pays ennemi, avaient résolu de prendre l'offensive sans attendre les renforts que la Russie leur promettait. Le mouvement de Napoléon inspira cependant aux Prussiens une réserve plus prudente, et ils se déterminèrent à garder les fortes positions qu'ils occupaient derrière la forêt de Thuringe.

L'armée française se mit en marche le 8 octobre, et le lendemain Murat et Bernadotte, formant l'avant-garde, battirent le corps du général Tauenzien. Le 10, Lannes battait le prince Louis à Saalfeld, et les fuyards apprenaient aux deux armées prussiennes de Hohenlohe et de Brunswick, établies derrière Iéna, la fin tragique de ce prince et la dispersion de son armée.

Le duc de Brunswick, qui commandait en chef, se décida aussitôt à se retirer sur l'Elbe par Naumbourg, en laissant le prince Hohenlohe à Iéna avec cinquante mille hommes, et ayant en arrière-garde Ruchel avec dix-huit mille hommes.

Mais, le 13 octobre, au moment où l'armée ennemie commençait son mouvement, Napoléon arrivait à Iéna, occupé déjà par Lannes, et reconnaissait le terrain. Les deux armées étaient en présence.

Je n'ai point à raconter ici cette mémorable bataille d'Iéna, qui eut lieu le lendemain. La formidable armée prussienne fut complétement battue. De la part des Français, cinquante mille hommes seulement furent engagés.

Pendant que Hohenlohe était battu à Iéna, Bernadotte marchait sur Halle pour y passer la Saale, gagner et couper la retraite de l'armée prussienne. Le duc de Brunswick en se retirant vers l'Elbe avait ordonné au prince Eugène de Wurtemberg de garder Halle avec dix-huit mille hommes, dernière ressource de la monarchie prussienne, et de recueillir les fuyards. Le 17 octobre au matin, la division Dupont, qui suivait le corps de Bernadotte, se présenta en vue de la ville. Dupont n'hésite pas un instant. Il forme son infanterie en colonne, enlève au pas de course le pont sur la Saale, force les portes de Halle, traverse la ville, et va se ranger en bataille en face de l'armée du duc de Wurtemberg. Le feu de douze mille hommes bien postés accueille les trois régiments dont se compose la petite armée de Dupont. Ses soldats escaladent les hauteurs sous le feu de l'ennemi et le mettent en déroute. Le duc de Wurtemberg se retira en désordre sur l'Elbe. Cinq mille hommes en avaient vaincu dix-huit mille. Napoléon, accouru sur le champ de bataille, combla de ses éloges les troupes du général Dupont.

Dix jours après, Napoléon entrait à Berlin au milieu de la garde impériale.

Cependant le roi Frédéric-Guillaume ayant refusé l'armistice qu'on lui offrait, pour aller se joindre aux Russes, qui marchaient à son secours, l'empereur se décida à entrer en Pologne. Accueillie avec enthousiasme par les Polonais, qui commençaient à concevoir un premier espoir sérieux d'affranchisement, l'armée française prit position autour de Varsovie dans les premiers jours de décembre.

Napoléon avait l'intention de fixer ses quartiers d'hiver sur les bords de la Vistule, « mais cela ne peut avoir lieu, écrivait-il à Davoust, qu'après avoir repoussé les Russes. » L'armée se porta en effet à la rencontre des Russes, qui furent battus à Pultusk et rejetés au delà de la Narew avec de grandes pertes.

Vers le 25 janvier, les Russes reprirent l'initiative, et, le 30, Napoléon était à la tête de la grande armée. A son approche, le général russe Benningsen se replia sur Eylau, où fut livrée cette sanglante bataille, qui coûta plus de quarante mille hommes, et qui honora également les vainqueurs et les vaincus. Si l'ennemi put battre en retraite sans être inquiété par l'armée victorieuse, presque aussi maltraitée, Napoléon eut au moins l'avantage d'être délivré pour quelque temps des appréhensions que le voisinage de l'armée russe pouvait causer dans les cantonnements.

La division Dupont, rattachée au corps de Bernadotte, était restée à trente lieues en arrière d'Eylau et n'avait pu prendre part au combat. Après avoir renfermé les Russes dans Kœnigsberg, la grande armée put prendre ses cantonnements sur la Passarge. Mais Benningsen, enorgueilli de n'avoir pas perdu à Eylau jusqu'au dernier homme, et, suivant son usage, se disant vainqueur, voulut donner à ses vanteries une apparence de vérité; il sortit de derrière les murailles où il s'était réfugié et eut l'audace de venir se poser en face de Ney. Ce général, mécontent de n'avoir pu prendre part à la bataille d'Eylau, saisit avec empressement cette occasion de prendre une revanche, et reçut vigoureusement les corps qui lui furent opposés. Pendant ce temps, la division Dupont s'emparait de Braunsberg sur la basse Passarge et faisait prisonniers deux mille

Prussiens. Fatigué par les obsessions continuelles des Russes, et voulant assurer la tranquillité de ses cantonnements pour tout l'hiver, Napoléon fit faire un mouvement en avant aux corps de Bernadotte et de Soult, qu'il avait placés dans une espèce d'embuscade pour le moment de la reprise de la campagne. Les Russes, s'apercevant que la retraite sur Kœnigsberg pouvait leur être coupée, se retirèrent pour ne plus reparaître de l'hiver.

DE MON PÈRE A MA MÈRE.

Le 7 décembre 1806.

Depuis quinze jours, ma chère femme, je parcours les déserts de la Pologne, à cheval dès cinq heures du matin, et après avoir marché jusqu'à la nuit ne trouvant que la baraque enfumée d'un pauvre diable, où je puis à peine obtenir une botte de paille pour me reposer. Aujourd'hui j'arrive dans la capitale de la Pologne, et je puis enfin mettre une lettre à la poste. Je t'aime cent fois plus que la vie; ton souvenir me suit partout pour me consoler et me désespérer en même temps. En m'endormant je te vois; en m'éveillant je pense à toi; mon âme tout

CHAPITRE DIXIÈME.

entière est près de toi. Tu es mon dieu, l'ange tutélaire que j'invoque, que j'appelle au milieu de mes fatigues et de mes dangers. Depuis que je t'ai quittée je n'ai pas joui d'un seul instant de repos, et je n'ai pas besoin de te dire que je n'ai pas goûté un seul instant de bonheur. Aime-moi, aime-moi, c'est le seul moyen d'adoucir cette rude vie que je mène. Écris-moi. Je n'ai encore reçu que deux lettres de toi. Je les ai lues cent fois, je les relis encore. Sois toujours la même femme qui m'écrit d'une manière si tendre et si adorable. Que l'absence ne te refroidisse pas. Je crois qu'elle augmente mon amour s'il est possible. Ne perdons pas l'espoir de nous réunir bientôt. On traite à Posen. Il est très-probable que nos succès détermineront les Russes à la paix. Je vais voir tout à l'heure Philippe Ségur et lui remettre le paquet que je te destine. Il aura les moyens de te le faire parvenir promptement. Demain nous passons la Vistule; les Russes sont à dix lieues d'ici, fort interloqués de notre marche et de nos manœuvres. Pour moi, j'en suis à désirer un bon coup de sabre qui m'estropie à tout jamais et me renvoie auprès de toi. Dans le siècle où nous sommes, un militaire ne peut espérer de repos et de bonheur domestique qu'en perdant bras ou jambes. Je ne rencontre pas un être dans l'armée qui ne fasse un vœu analogue. Mais le maudit honneur est là qui nous retient tous. Beaucoup se plaignent, moi je souffre tout bas, car que m'importent les dégoûts, les privations, les fatigues? ce n'est point là ce qui me chagrine dans le métier; c'est ton absence, et je ne puis aller dire cela aux autres. Ceux qui ne te connaissent pas ne comprendraient pas l'excès de mon amour. Ceux qui te connaissent le comprendraient plus que je ne veux.

Parle de moi à nos enfants. Je suis forcé de courir au fourrage. Pas un moment, même pour goûter cette demi-consolation de t'écrire! Je t'aime comme un fou. Aime-moi si tu veux que je supporte la vie.

———

Après l'affaire de la Passarge, mon père fut fait chef d'escadron, et, le 4 avril 1807, Murat se l'attacha en qualité d'aide de camp. Deschartres m'a raconté que ce fut à la recommandation de l'empereur, qui, l'ayant remarqué, dit au prince : « Voilà un beau et brave jeune homme, c'est comme cela qu'il vous faut des aides de camp. » Mon père s'attendait si peu à cette faveur, qu'il faillit la refuser en voyant qu'elle allait l'assujettir davantage et créer un nouvel obstacle au repos absolu qu'il rêvait au sein de sa famille. Ma mère lui sut assez mauvais gré de ce qu'elle appela son ambition, et il eut à s'en justifier, ainsi qu'on le verra dans la lettre suivante.

CHAPITRE DIXIÈME.

Rosemberg, 10 mai 1807, au quartier général
du grand-duc de Berg.

Après avoir couru pendant trois semaines comme un dératé et donné au prince un assez joli échantillon de mon savoir-faire dans la partie des missions, j'arrive ici et j'y trouve deux lettres de toi, du 23 mars et du 8 avril. La première me tue; il me semble que tu ne m'aimes déjà plus quand tu m'annonces que tu vas *t'efforcer de m'aimer un peu moins*. Heureusement je décachète la seconde, et je vois bien que c'est à force de m'aimer que tu me fais tout ce mal. O ma chère femme, ma Sophie, tu as pu les écrire ces mots cruels, m'envoyer à trois cents lieues ce poison mortel, m'exposer à la douleur de lire cette lettre affreuse pendant quinze jours peut-être avant d'en avoir reçu une autre qui me rassure et me console! Me voilà forcé de remercier Dieu d'avoir été longtemps privé de tes nouvelles! O mon amie, abjure ces horribles pensées, ces injustes soupçons. Est-il possible que tu doutes de moi? Le plus sensible reproche que tu puisses me faire, c'est de me dire que je ne me souviens pas que Caroline existe, et que tu es effrayée en pensant à l'avenir de cette enfant. En quoi ai-je pu mériter ces doutes injurieux? Ai-je un seul moment cessé de la regarder comme ma fille? Ai-je fait, dans mes soins et dans mes caresses, la moindre différence entre elle et nos autres enfants? Depuis le jour où je t'ai vue pour la première fois, ai-je un moment cessé de t'adorer, d'aimer tout ce qui t'appartient, ta fille, ta sœur, tout ce que tu aimes? Tu m'accables de reproches comme si je t'abandonnais pour le seul plaisir de courir le monde. Je te jure sur l'honneur et sur l'amour que je n'ai point demandé d'avancement, que le grand-duc m'a appelé auprès de lui sans que je me doutasse qu'il en eût la moindre idée, qu'enfin j'ai vu s'éloigner avec un profond chagrin le jour qui devait nous réunir. Te dirai-je tout? J'ai failli refuser, me sentant sans courage devant un nouveau retard à mon retour près de toi. Mais, chère femme, aurais-je rempli mon devoir envers toi, envers ma mère, qui a sacrifié son aisance à ma carrière militaire, envers nos enfants, nos *trois enfants* [1], qui auront bientôt besoin des ressources et de la considération de leur père, si j'avais rejeté la fortune qui venait d'elle-même me chercher? Mon ambition! dis-tu. Moi, de l'ambition! Si j'étais moins triste, tu me ferais rire avec ce mot-là. Ah! je n'en ai qu'une depuis que je te connais, c'est de réparer envers toi les injustices de la société et de la destinée, c'est de t'assurer une existence honorable et de te mettre à l'abri du malheur si un boulet me ren-

---

[1] Les trois enfants c'était Caroline, moi et un fils né en 1806, et qui n'a pas vécu. Je n'en ai aucun souvenir.

contre sur le champ de bataille. Ne te dois-je donc pas cela à toi qui as supporté si longtemps ma mauvaise fortune et quitté un palais pour une mansarde par amour pour moi ! Juge un peu mieux de moi, ma Sophie, juges-en d'après toi-même ; non, il n'est pas un instant dans ma vie où je ne pense à toi. Il n'est rien qui vaille pour moi la modeste chambre de ma chère femme. C'est là le sanctuaire de mon bonheur. Rien ne peut valoir à mes yeux ses jolis cheveux noirs, ses yeux si beaux, ses dents si blanches, sa taille si gracieuse, sa robe de percale, ses jolis pieds, ses petits souliers de prunelle. Je suis amoureux de tout cela comme le premier jour, et je ne désire rien de plus au monde. Mais pour posséder ce bonheur en toute sécurité, pour n'avoir point à lutter contre la misère avec des enfants, il faut faire au présent quelques sacrifices. Tu dis que nous serons moins heureux dans un palais que dans notre petit grenier ; qu'à la paix le prince sera fait roi, et que nous serons obligés d'aller habiter ses États, où nous n'aurons plus notre obscurité, notre tête-à-tête, notre chère liberté de Paris. Il est bien probable que le prince sera roi en effet, et qu'il nous emmènera avec lui. Mais je nie que nous puissions n'être pas heureux là où nous serons ensemble, ni que rien puisse gêner désormais un amour que le mariage a consacré. Que tu es bête, ma pauvre femme, de croire que je t'aimerai moins parce que je vivrai dans le *luxe et la dorure!* Et que tu es gentille en même temps de mépriser tout cela! Mais, moi aussi, je déteste les grandeurs et les vanités, et l'ennui de ces plaisirs-là me ronge quand j'y suis. Tu le sais bien. Tu sais bien avec quel empressement je m'y dérobe pour être tranquille avec toi dans un petit coin. C'est pour mon petit coin que je travaille, que je me bats, que j'accepte une récompense et que j'aspire à avoir un régiment, parce qu'alors tu ne me quitteras plus et que nous aurons un intérieur à nous, aussi tranquille, aussi simple, aussi intime que nous le souhaitons. Et puis, quand je mettrais un peu d'amour-propre à te montrer quelquefois heureuse et brillante à mon bras, pour te venger des sots dédains de certaines gens à qui notre petit ménage faisait tant de pitié, où serait le mal? Je serai fier, je l'avoue, d'avoir été, moi seul, l'artisan de notre fortune et de n'avoir dû qu'à mon courage, à mon amour pour la patrie, ce que d'autres n'ont dû qu'à la faveur, à l'intrigue ou à la chimère de la naissance. J'en sais qui sont quelque chose grâce au nom ou à la galanterie de leurs femmes. Ma femme, à moi, aura d'autres titres. Son amour fidèle et le mérite de son époux.

Voilà la belle saison revenue. Que fais-tu, chère amie? Ah! que l'aspect d'une belle prairie ou d'un bois prêt à verdir remplit mon âme de souvenirs tristes et délicieux! Aux bords du Rhin, l'année dernière, quels doux moments je passais auprès de toi! Trop courts instants de bonheur, de combien de regrets vous êtes suivis! A Marienwerder je me suis promené aux bords de la Vistule, seul, en proie à mes chagrins, le cœur dévoré de tristesse et d'inquiétude, je voyais tout renaître dans la nature, et mon âme était fermée au sentiment du bonheur. J'étais dans un endroit pareil à celui où tu avais si peur, près de Coblentz, où nous nous assîmes sur l'herbe et où je te pressais sur mon cœur pour te rassurer : je me suis senti tout embrasé de ton souvenir, j'errais comme un fou, je te cherchais, je t'appelais en vain. Je me suis enfin assis fatigué et brisé de douleur, et au lieu de ma Sophie, je n'ai trouvé sur ces tristes rivages que la solitude, l'inquiétude et la jalousie. Oui, la jalousie, je l'avoue; moi aussi, de loin, je suis obsédé de fantômes, mais je ne t'en parle pas, de peur de t'offenser; hélas! quand la fatigue des marches et le bruit des batailles cessent un instant pour moi, je suis la proie de mille tourments, toutes les furies de la passion viennent m'obséder. J'éprouve toutes les angoisses, toutes les faiblesses de l'amour. Oh! oui, chère femme, je t'aime comme le premier jour. Ah! que nos enfants te parlent de moi sans cesse. Ne te promène qu'avec eux. Qu'ils te retracent à toute heure nos serments et notre union. Parle-leur de moi aussi. Je ne vis que pour toi, pour eux et pour ma mère.

Ici le printemps et le lieu que nous occupons me rappellent le Fayel. Mais, hélas! Boulogne est bien loin, et ce triste château me laisse tout entier à mes regrets. En y arrivant je l'ai trouvé absolument désert, tout le monde était parti avec le prince pour Elbing, où s'est passée la fameuse revue de l'empereur. Le prince commandait et m'a fait courir de la belle manière. Adieu, chère femme. On parle beaucoup de la paix, rien n'annonce la reprise des hostilités. Ah! quand serai-je près de toi! Je te presse mille fois dans mes bras avec tous nos enfants; pense à ton mari, à ton amant.

MAURICE.

Que mon Aurore est gentille de penser à moi et de savoir déjà t'en parler!

Après avoir suivi la marche de la division Dupont, suivons celle de Murat, puisque c'est l'histoire de mon père, dans cette courte et brillante campagne. — Au mois de mai 1807, Murat était à la tête de dix-huit mille cavaliers, montés sur les plus beaux chevaux de l'Allemagne et parfaitement exercés. Napoléon, voulant voir ce corps de cavalerie tout entier, le passa en revue dans les plaines d'Elbing. « Ces dix-huit mille cavaliers, masse

» énorme mue par un seul chef, le prince Murat,
» avaient manœuvré devant lui pendant une journée,
» et tellement ébloui sa vue, si habituée pourtant
» aux grandes armées, qu'écrivant, une heure après,
» à ses ministres, il n'avait pu s'empêcher de leur
» vanter le beau spectacle qui venait de frapper ses
» yeux dans les plaines d'Elbing. »

Le général Benningsen, commandant l'armée russe, qui n'avait pas quitté ses cantonnements de Kœnigsberg depuis la démonstration faite par les corps de Soult et Bernadotte, se décida à prendre l'initiative du mouvement. Le 5 juin 1807, l'armée russe attaqua assez vivement le corps du maréchal Ney, qui se trouvait au sommet de l'angle décrit par l'Alle et la Passarge, sur les rives desquelles était campée l'armée française, et la força de battre en retraite devant des forces très-supérieures. Mais l'empereur avait prévu cette éventualité, et Saalfeld, situé un peu en arrière du corps de Ney et au centre de l'angle formé par les cantonnements, avait été indiqué comme premier point de concentration en cas d'attaque. Aux premiers coups de canon tous les corps s'étaient mis en marche pour prendre leur position autour de Saalfeld.

Benningsen s'aperçut des dispositions formidables de l'armée française, et, s'arrêtant tout à coup devant le corps de Ney qui reculait en bon ordre, cédant le terrain pas à pas, il passa de l'offensive à la défensive et se retrancha à Heilsberg. L'empereur l'y suivit, le prince Murat et le maréchal Soult arrivèrent les premiers devant les redoutes ennemies et engagèrent l'action avant l'arrivée de Napoléon et du reste de l'armée. Les divisions Carra-Saint-Cyr et Saint-Hilaire, du corps du maréchal Soult, résistèrent bravement au feu terrible des redoutes, et permirent à la cavalerie de Murat, harassée de fatigue et un moment ébranlée par le choc des vingt-cinq escadrons du général Uwarow, de se reformer et de reprendre l'avantage. Ces braves, secondés par la troisième division du maréchal Soult et par l'infanterie de la jeune garde, que Napoléon avait fait avancer rapidement sous le commandement du général Savary, soutinrent jusqu'au soir cette lutte inégale, dans laquelle trente mille Français combattaient à découvert contre quatre-vingt-dix mille Russes abrités par de forts retranchements. Le général Benningsen ne jugea pas convenable, après cette tentative, d'attendre une attaque générale de toute l'armée française; il ordonna la retraite.

Napoléon persista dans son dessein de suivre pas à pas l'armée ennemie, afin d'attendre une occasion favorable d'attaquer, et, pendant ce temps, de faire couper la retraite sur Kœnigsberg, dernier asile du roi de Prusse, et qui renfermait tous les magasins des armées ennemies.

CHAPITRE DIXIÈME.

Ce fut Murat qui fut chargé de ce soin avec une partie de sa cavalerie. Napoléon le fit appuyer par les corps des maréchaux Soult et Davoust, formant l'aile gauche de l'armée. Soult arriva jusque sous les murs de Kœnigsberg ; Murat et Davoust durent se rapprocher de Friedland, pour écraser les Russes par un dernier effort dans le cas où la bataille eût duré plus d'un jour ; mais leur concours fut inutile. L'armée russe, acculée dans le coude formé par la rivière l'Alle, en avant de Friedland, fut enveloppée, coupée, refoulée dans la rivière, et presque entièrement détruite. Ce fut le dernier acte de la campagne de 1807.

Au mois de juin de la même année mon père accompagna Murat, qui lui-même accompagnait Napoléon à la fameuse conférence du radeau de Tilsitt. De retour en France au mois de juillet, mon père ne tarda pas à repartir pour l'Italie avec Murat et l'empereur, qui allait là faire des rois et des princes nouveaux. « Ses malheureuses préoccupa-
» tions dynastiques allaient altérer la grandeur de
» ses combinaisons. Il ne changeait rien assurément
» à son système politique. Mais en politique on
» doit aussi tenir compte des impressions du public,

» et le public ne voyait que le trafic des couronnes
» au profit d'une famille [1].

» L'empereur, parti le 16 novembre de Paris,
» était à Milan le 21. Des fêtes brillantes lui furent
» données. La cour de Bavière y assista. Eugène
» fut créé prince de Venise et appelé à la succession
» du royaume d'Italie, au défaut de la descendance
» masculine impériale.

» Après quelques jours passés à Milan, l'empe-
» reur se rendit à Venise, et son séjour y fut marqué
» par des fêtes qui rappelèrent les belles années de
» l'opulente république. Les régates ou courses de
» gondoles se firent avec une royale magnificence.
» Le grand canal était couvert de barques décorées
» avec la plus grande élégance, transformées en
» fabriques, représentant des temples, des kiosques,
» des chaumières de différents pays, et conduites
» par des gondoliers vêtus de costumes analogues.
» Il n'y eut pas un noble Vénitien qui ne dépensât
» dans ces fêtes une année de son revenu.

» Le roi Joseph, appelé à Venise, y passa six
» jours avec Napoléon. Dans leurs conférences, ils
» s'entretinrent des chances que pourraient amener
» les questions qui divisaient la maison régnante
» d'Espagne, mais rien à cet égard ne fut définiti-
» vement arrêté.

---

[1] *Histoire de Napoléon*, par M. Élias Regnault.

» Parti de Venise le 8 décembre, l'empereur était
» le 11 à Mantoue. Il y fut rejoint par Lucien.
» Depuis 1804, Lucien s'était séparé de son frère,
» non pas, ainsi qu'on le prétendait, pour des dis-
» sentiments politiques, mais parce qu'il avait con-
» tracté un mariage qui ne s'accordait pas avec les
» calculs dynastiques de Napoléon. Retiré dans les
» États romains, il y vivait riche et considéré.
» Joseph, désirant vivement une réconciliation,
» avait ménagé l'entrevue de Mantoue. Elle fut des
» deux parts très-affectueuse, mais elle devait né-
» cessairement ramener la question qui avait causé
» la rupture. Napoléon fit les offres les plus bril-
» lantes pour obtenir un divorce. Le trône de Naples
» ou de Portugal pour Lucien, le mariage de sa
» fille aînée avec le prince des Asturies, le duché
» de Parme pour sa femme, rien ne put ébranler
» Lucien : fidèle à ses affections, il préféra le bon-
» heur domestique aux brillantes déceptions du
» trône. Napoléon fut inflexible dans sa politique,
» Lucien opiniâtre dans ses devoirs. Ils se sépare-
» rent, attendris tous deux, mais sans se faire de
» concessions.

» L'empereur revint le 15 à Milan, en partit
» le 24, et arrivant au coucher du soleil à Alexan-
» drie, il vit toute la plaine de Marengo éclairée
» par des flambeaux allumés sur son passage. Après
» avoir visité les immenses travaux de fortifications

» qui faisaient d'Alexandrie la place la plus forte de
» l'Europe, il se dirigea rapidement vers le mont
» Cenis, qu'il gagna le 29, et fut de retour aux
» Tuileries le 1ᵉʳ janvier 1808. Toutes ses pensées
» se tournèrent alors vers l'Espagne [1]. »

Voici les deux avant-dernières lettres de mon père qui soient entre mes mains. Elles sont contemporaines de cet épisode de la vie impériale.

Venise, 29 septembre 1807.

Après avoir affronté tous les précipices de la Savoie et du mont Cenis, j'ai été culbuté dans un fossé bourbeux du Piémont, par la nuit la plus noire et la plus détestable, et de plus au milieu d'un bois, coupe-gorge fameux, où la veille on avait assassiné et volé un marchand de Turin. Le sabre d'une main et le pistolet de l'autre, nous avons fait sentinelle jusqu'à ce qu'il nous soit arrivé main-forte pour nous remettre sur pied, c'est-à-dire pendant trois heures. Bientôt les chevaux nous ont manqué : ensuite les chemins sont devenus affreux. Arrivés au bord de la mer, le vent s'est élevé contre nous, et nous avons pensé chavirer dans la lagune. Enfin

---

[1] *Histoire de Napoléon*, par M. Élias Regnault.

nous voici dans Venise la belle, où je n'ai encore vu que de l'eau fort laide dans les rues et bu que de fort mauvais vin à la table de Duroc. Depuis Paris voici la première nuit que je vais passer dans mon lit. L'empereur ne passera que huit jours ici. Je n'ai pas le temps de t'en dire davantage. Je t'aime, tu es ma vie, mon âme, mon Dieu, mon tout.

De Milan, le 11 décembre 1807.

Cette date doit te dire, chère amie, que je pense à toi doublement s'il est possible, puisque je suis dans un lieu si plein des souvenirs de notre amour, de mes douleurs, de mes tourments et de mes joies. Ah! que d'émotions j'ai éprouvées en parcourant les jardins voisins du cours! Elles n'étaient pas toutes agréables, mais ce qui les domine toutes, c'est mon amour pour toi, c'est mon impatience de me retrouver dans tes bras. Nous serons bien certainement à Paris à la fin du mois. Il est impossible de s'ennuyer plus que je ne fais ici; j'ai des fêtes et des cérémonies par-dessus la tête. Tous mes camarades en disent presque autant, encore n'ont-ils pas d'aussi puissants motifs que moi pour désirer d'en finir avec toutes ces comédies. L'air est appesanti pour moi de grandeurs, de dignités, de roideur et d'ennui. Le prince est malade, et par cette raison nous devancerons, j'espère, le retour de l'empereur, et je vais bientôt te retrouver, toujours mon ange, mon diable et ma divinité. Si je ne trouve pas de lettres de toi à Turin, je te tirerai tes petites oreilles. Adieu, et mille tendres baisers à toi, à notre Aurore et à ma mère. Je t'écrirai de Turin.

J'ai cru pouvoir mettre sous les yeux du lecteur une très-rapide analyse des événements de la guerre et de l'histoire, puisque là seulement je pouvais suivre mon père, à défaut de lettres plus suivies et plus détaillées. Je n'abuserai pas plus longtemps de ce moyen de combler les lacunes qui se rencontrent dans sa vie. Et d'ailleurs, cette vie si pure et si généreuse touche à sa fin; je n'aurai plus de lui qu'une affreuse catastrophe à raconter. Désormais je vais être guidée par mes propres souvenirs, et comme je n'ai pas la prétention d'écrire l'histoire de mon temps en dehors de la mienne propre, je ne dirai de la campagne d'Espagne que ce que j'en ai vu par mes yeux, à une époque où les objets extérieurs, étranges et incompréhensibles pour moi, commençaient à me frapper comme des tableaux mystérieux. On me permettra de rétrograder un peu, et de prendre ma vie au moment où je commence à la sentir.

CHAPITRE ONZIÈME

Premiers souvenirs. — Premières prières. — L'œuf d'argent des enfants. — Le père Noël. — Le système de J. J. Rousseau. — Le bois de lauriers. — Polichinelle et le réverbère. — Les romans entre quatre chaises. — Jeux militaires. — Chaillot. — Clotilde. — L'empereur. — Les papillons et les fils de la Vierge. — Le roi de Rome. — Le flageolet.

Il faut croire que la vie est une bien bonne chose en elle-même, puisque les commencements en sont si doux, et l'enfance un âge si heureux. Il n'est pas un de nous qui ne se rappelle cet âge d'or comme un rêve évanoui, auquel rien ne saurait être comparé dans la suite. Je dis un rêve, en pensant à ces premières années où nos souvenirs flottent incertains et ne ressaisissent que quelques impressions isolées dans un vague ensemble. On ne saurait dire pourquoi un charme puissant s'attache pour chacun de nous à ces éclairs du souvenir insignifiants pour les autres.

La mémoire est une faculté qui varie selon les individus, et qui, n'étant complète chez aucun, offre mille inconséquences. Chez moi, comme chez beaucoup d'autres personnes, elle est extraordinairement développée sur certains points, extraordinairement infirme sur certains autres. Je ne me rappelle qu'avec effort les petits événements de la veille, et la plupart des détails m'échappent même pour toujours. Mais quand je regarde un peu loin derrière moi, mes souvenirs remontent à un âge où la plupart des autres individus ne peuvent rien retrouver dans leur passé. Cela tient-il essentiellement à la nature de cette faculté en moi, ou à une certaine précocité dans le sentiment de la vie?

Peut-être sommes-nous doués tous à peu près également sous ce rapport, et peut-être n'avons-nous la notion nette ou confuse des choses passées qu'en raison du plus ou moins d'émotion qu'elles nous ont causé? Certaines préoccupations intérieures nous rendent presque indifférents à des faits qui ébranlent le monde autour de nous. Il arrive aussi que nous nous rappelons mal ce que nous avons peu compris. L'oubli n'est peut-être que de l'inintelligence ou de l'inattention.

Quoi qu'il en soit, voici le premier souvenir de ma vie, et il date de loin. J'avais deux ans, une bonne me laissa tomber de ses bras sur l'angle d'une cheminée, j'eus peur et je fus blessée au front. Cette commotion, cet ébranlement du système nerveux ouvrirent mon esprit au sentiment de la vie, et je vis nettement, je vois encore, le marbre rougeâtre de la cheminée, mon sang qui coulait, la figure égarée de ma bonne. Je me rappelle distinctement aussi la visite du médecin, les sangsues qu'on me mit derrière l'oreille, l'inquiétude de ma mère, et la bonne congédiée pour cause d'ivrognerie. Nous quittâmes la maison, et je ne sais où elle était située; je n'y suis jamais retournée depuis; mais si elle existe encore, il me semble que je m'y reconnaîtrais.

Il n'est donc pas étonnant que je me rappelle parfaitement l'appartement que nous occupions rue Grange-Batelière un an plus tard. De là datent mes souvenirs précis et presque sans interruption. Mais depuis l'accident de la cheminée jusqu'à l'âge de trois ans, je ne me retrace qu'une suite indéterminée d'heures passées dans mon petit lit sans dormir, et remplies de la contemplation de quelque pli de rideau ou de quelque fleur au papier des chambres; je me souviens aussi que le vol des mouches et leur bourdonnement m'occupaient beaucoup, et que je voyais souvent les objets doubles, circonstance qu'il m'est impossible d'expliquer, et que plusieurs personnes m'ont dit avoir éprouvée aussi dans la première enfance. C'est surtout la flamme des bougies qui prenait cet aspect devant mes yeux, et je me rendais compte de l'illusion sans pouvoir m'y soustraire. Il me semble même que cette illusion était un des pâles amusements de ma captivité dans le berceau, et cette vie du berceau m'apparaît extraordinairement longue et plongée dans un mol ennui.

Ma mère s'occupa de fort bonne heure de me développer, et mon cerveau ne fit aucune résistance, mais il ne devança rien ; il eût pu être très-tardif si on l'eût laissé tranquille. Je marchais à dix mois ; je parlai assez tard, mais une fois que j'eus commencé à dire quelques mots, j'appris tous les mots très-vite, et à quatre ans je savais très-bien lire, ainsi que ma cousine Clotilde, qui fut enseignée comme moi par nos deux mères alternativement. On nous apprenait aussi des prières, et je me souviens que je les récitais sans broncher d'un bout à l'autre, et sans y rien comprendre, excepté ces mots qu'on nous faisait dire quand nous avions la tête sur le même oreiller : « *Mon Dieu, je vous donne mon cœur.* » Je ne sais pas pourquoi je comprenais cela plus que le reste, car il y a beaucoup de métaphysique dans ce peu de paroles, mais enfin je le comprenais, et c'était le seul endroit de ma prière où j'eusse une idée de Dieu et de moi-même.

Quant au *Pater,* au *Credo* et à l'*Ave Maria,* que je savais très-bien en français, excepté *donnez-nous notre pain de chaque jour,* j'aurais aussi bien pu les réciter en latin comme un perroquet, ils n'eussent pas été plus inintelligibles pour moi.

On nous exerçait aussi à apprendre par cœur les fables de la Fontaine, et je les sus presque toutes, que c'était encore lettres closes pour moi. J'étais si lasse de les réciter que je fis, je crois, tout mon possible pour ne les comprendre que fort tard, et ce ne fut que vers l'âge de quinze ou seize ans que je m'aperçus de leur beauté.

On avait l'habitude autrefois de remplir la mémoire des enfants d'une foule de richesses au-dessus de leur portée. Ce n'est pas le petit travail qu'on leur impose que je blâme. Rousseau, en le retranchant tout à fait dans l'*Émile,* risque de laisser le cerveau de son élève s'épaissir au point de n'être plus capable d'apprendre ce qu'il lui réserve pour un âge plus avancé. Il est bon d'habituer l'enfance d'aussi bonne heure que possible à un exercice modéré mais quotidien des diverses facultés de l'esprit. Mais on se hâte trop de lui servir des choses exquises. Il n'existe point de littérature à l'usage des petits enfants. Tous les jolis vers qu'on a faits en leur honneur sont maniérés et farcis de mots qui ne sont point de leur vocabulaire. Il n'y a guère que les chansons des berceuses qui parlent réellement à leur imagination. Les premiers vers que j'aie entendus sont ceux-ci, que tout le monde connaît sans doute, et que ma mère me chantait de la voix la plus fraîche et la plus douce qui se puisse entendre :

> Allons dans la grange
> Voir la poule *blanche*
> Qui pond un bel œuf d'argent
> Pour ce cher petit enfant.

La rime n'est pas riche, mais je n'y tenais guère,

et j'étais vivement impressionnée par cette poule blanche et par cet œuf d'argent que l'on me promettait tous les soirs, et que je ne songeais jamais à demander le lendemain matin. La promesse revenait toujours, et l'espérance naïve revenait avec elle. Ami lecteur, t'en souviens-tu ? Car à toi aussi, pendant des années, on a promis cet œuf merveilleux qui n'éveillait pas ta cupidité, mais qui te semblait, de la part de la bonne poule, le présent le plus poétique et le plus gracieux. Et qu'aurais-tu fait de l'œuf d'argent si on te l'eût donné ? Tes mains débiles n'eussent pu le porter, et ton humeur inquiète et changeante se fût bientôt lassée de ce jouet insipide. Qu'est-ce qu'un œuf, qu'est-ce qu'un jouet qui ne se cassent point ? mais l'imagination fait de rien quelque chose, c'est sa nature, et l'histoire de cet œuf d'argent est peut-être celle de tous les biens matériels qui éveillent notre convoitise. Le désir est beaucoup, la possession peu de chose.

Ma mère me chantait aussi une chanson de ce genre la veille de Noël; mais comme cela ne revenait qu'une fois l'an, je ne me la rappelle pas. Ce que je n'ai pas oublié, c'est la croyance absolue que j'avais à la descente par le tuyau de la cheminée du petit père Noël, bon vieillard à barbe blanche, qui, à l'heure de minuit, devait venir déposer dans mon petit soulier un cadeau que j'y trouverais à mon réveil. Minuit ! cette heure fantastique que les enfants ne connaissent pas, et qu'on leur montre comme le terme impossible de leur veillée! Quels efforts incroyables je faisais pour ne pas m'endormir avant l'apparition du petit vieux! J'avais à la fois grande envie et grand'peur de le voir : mais jamais je ne pouvais me tenir éveillée jusque-là, et le lendemain, mon premier regard était pour mon soulier, au bord de l'âtre. Quelle émotion me causait l'enveloppe de papier blanc, car le père Noël était d'une propreté extrême, et ne manquait jamais d'empaqueter soigneusement son offrande. Je courais pieds nus m'emparer de mon trésor. Ce n'était jamais un don bien magnifique, car nous n'étions pas riches. C'était un petit gâteau, une orange, ou tout simplement une belle pomme rouge. Mais cela me semblait si précieux que j'osais à peine le manger. L'imagination jouait encore là son rôle, et c'est toute la vie de l'enfant.

Je n'approuve pas du tout Rousseau de vouloir supprimer le merveilleux, sous prétexte de mensonge. La raison et l'incrédulité viennent bien assez vite et d'elles-mêmes. Je me rappelle fort bien la première année où le doute m'est venu sur l'existence réelle du père Noël. J'avais cinq ou six ans, et il me sembla que ce devait être ma mère qui mettait le gâteau dans mon soulier. Aussi me parut-il moins beau et moins bon que les autres fois, et j'éprouvais une sorte de regret de ne pouvoir plus croire au petit homme à barbe blanche. J'ai vu mon fils y croire plus longtemps; les garçons sont plus simples que les petites filles. Comme moi, il faisait de grands efforts pour veiller jusqu'à minuit. Comme moi, il n'y réussissait pas, et comme moi, il trouvait, au jour, le gâteau merveilleux pétri dans les cuisines du paradis; mais, pour lui aussi, la première année où il douta fut la dernière de la visite du bonhomme. Il faut servir aux enfants les mets qui conviennent à leur âge, et ne rien devancer. Tant qu'ils ont besoin du merveilleux, il faut leur en donner. Quand ils commencent à s'en dégoûter, il faut bien se garder de prolonger l'erreur et d'entraver le progrès naturel de leur raison.

Retrancher le merveilleux de la vie de l'enfant, c'est procéder contre les lois mêmes de la nature. L'enfance n'est-elle pas chez l'homme un état mystérieux et plein de prodiges inexpliqués? D'où vient l'enfant? Avant de se former dans le sein de sa mère, n'avait-il pas une existence quelconque dans le sein impénétrable de la Divinité? La parcelle de vie qui l'anime ne vient-elle pas du monde inconnu où elle doit retourner? Ce développement si rapide de l'âme humaine dans nos premières années, ce passage étrange d'un état qui ressemble au chaos à un état de compréhension et de sociabilité, ces premières notions du langage, ce travail incompréhensible de l'esprit qui apprend à donner un nom, non pas seulement aux objets extérieurs, mais à l'action, à la pensée, au sentiment, tout cela tient au miracle de la vie, et je ne sache pas que personne l'ait expliqué. J'ai toujours été émerveillée du premier verbe que j'ai entendu prononcer aux petits enfants. Je comprends que le substantif leur soit enseigné, mais les verbes, et surtout ceux qui expriment les affections! La première fois qu'un enfant sait dire à sa mère qu'il l'aime, par exemple, n'est-ce pas comme une révélation supérieure qu'il reçoit et qu'il exprime? Le monde extérieur où flotte cet esprit en travail ne peut lui avoir donné encore aucune notion distincte des fonctions de l'âme. Jusque-là il n'a vécu que par les besoins, et l'éclosion de son intelligence ne s'est faite que par les sens. Il voit, il veut toucher, goûter, et tous ces objets extérieurs dont pour la plupart il ignore l'usage, et ne peut comprendre ni la cause ni l'effet, doivent passer d'abord devant lui comme une vision énigmatique. Là commence le travail intérieur. L'imagination se remplit de ces objets; l'enfant rêve dans le sommeil, et il rêve aussi sans doute quand il ne dort pas. Du moins, il ne sait pas, pendant longtemps, la différence de l'état de veille à l'état de sommeil. Qui peut dire pourquoi un objet nouveau l'égaye ou l'effraye? Qui lui inspire la notion vague du beau et du laid? Une fleur, un petit oiseau ne lui font jamais peur, un masque difforme, un animal bruyant l'épouvantent.

Il faut donc qu'en frappant ses sens cet objet de sympathie ou de répulsion révèle à son entendement quelque idée de confiance ou de terreur qu'on n'a pu lui enseigner ; car cet attrait ou cette répugnance se manifestent déjà chez l'enfant qui n'entend pas encore le langage humain. Il y a donc chez lui quelque chose d'antérieur à toutes les notions que l'éducation peut lui donner, et c'est là le mystère qui tient à l'essence de la vie dans l'homme.

L'enfant vit tout naturellement dans un milieu pour ainsi dire surnaturel, où tout est prodige en lui, et où tout ce qui est en dehors de lui doit, à la première vue, lui sembler prodigieux. On ne lui rend pas service en hâtant sans ménagement et sans discernement l'appréciation de toutes les choses qui le frappent. Il est bon qu'il la cherche lui-même et qu'il l'établisse à sa manière durant la période de sa vie où, à la place de son innocente erreur, nos explications, hors de portée pour lui, le jetteraient dans des erreurs plus grandes encore, et peut-être à jamais funestes à la droiture de son jugement, et, par suite, à la moralité de son âme.

Ainsi on aura beau chercher quelle première notion de la Divinité on pourra donner aux enfants, on n'en trouvera pas une meilleure pour eux que l'existence de ce vieux bon Dieu qui est au ciel, et qui voit tout ce qui se fait sur la terre. Plus tard il sera temps de leur faire comprendre que Dieu est l'être infini, sans figure idolâtrique, et que le ciel n'est pas plus la voûte bleue qui nous enveloppe que la terre où nous vivons et que le sanctuaire même de notre pensée. Mais à quoi bon essayer de faire percer le symbole à l'enfant, pour qui tout symbole est une réalité? Cet éther infini, cet abîme de la création, ce ciel enfin où gravitent les mondes, l'enfant le voit plus beau et plus grand que nos définitions ne l'étendraient dans sa pensée, et nous le rendrions plus fou que sage si nous voulions lui faire concevoir la mécanique de l'univers, alors que le sentiment de la beauté de l'univers lui suffit.

La vie de l'individu n'est-elle pas le résumé de la vie collective? Quiconque observe le développement de l'enfant, le passage à l'adolescence, à la virilité, et toutes nos transformations jusqu'à l'âge mûr, assiste à l'histoire abrégée de la race humaine, laquelle a eu aussi son enfance, son adolescence, sa jeunesse et sa virilité. Eh bien, qu'on se reporte aux temps primitifs de l'humanité, on y voit toutes les notions humaines prendre la forme du merveilleux, et l'histoire, la science naissante, la philosophie et la religion écrites en symboles que la raison moderne traduit ou interprète. La poésie, la fable même sont la vérité, la réalité relatives de ces temps primitifs. Il est donc dans la loi éternelle que l'homme ait sa véritable enfance, comme l'humanité a eu la sienne, comme l'ont encore les populations que notre civilisation n'a fait qu'effleurer. Le sauvage vit dans le merveilleux : ce n'est ni un idiot, ni un fou, ni une brute, c'est un poëte et un enfant. Il ne procède que par poëmes et par chants comme nos anciens, à qui le vers semblait être plus naturel que la prose, et l'ode que le discours.

L'enfance est donc l'âge des chansons, et on ne saurait trop lui en donner. La fable, qui n'est qu'un symbole, est la meilleure forme pour introduire en lui le sentiment du beau et du poétique, qui est la première manifestation du bon et du vrai.

Les fables de la Fontaine sont trop fortes et trop profondes pour le premier âge. Elles sont pleines d'excellentes leçons de morale, mais il ne faudrait pas de formules de morale au premier âge; c'est l'engager dans un labyrinthe d'idées où il s'égare, parce que toute morale implique une idée de société, et que l'enfant ne peut se faire aucune idée de la société. J'aime mieux pour lui les notions religieuses sous forme de poésie et de sentiment. Quand ma mère me disait qu'en lui désobéissant je faisais pleurer la sainte Vierge et les anges dans le ciel, mon imagination était vivement frappée. Ces êtres merveilleux et toutes ces larmes provoquaient en moi une terreur et une tendresse infinies. L'idée de leur existence m'effrayait, et tout aussitôt l'idée de leur douleur me pénétrait de regret et d'affection.

En somme, je veux qu'on donne du merveilleux

à l'enfant tant qu'il l'aime et le cherche, et qu'on le lui laisse perdre de lui-même sans prolonger systématiquement son erreur dès que le merveilleux n'étant plus son aliment naturel, il s'en dégoûte, et vous avertit par ses questions et ses doutes qu'il veut entrer dans le monde de la réalité.

Ni Clotilde ni moi n'avons gardé aucun souvenir du plus ou moins de peine que nous eûmes pour apprendre à lire. Nos mères nous ont dit depuis qu'elles en avaient eu fort peu à nous enseigner; seulement elles signalaient un fait d'entêtement fort ingénu de ma part. Un jour que je n'étais pas disposée à recevoir ma leçon d'alphabet, j'avais répondu à ma mère : — « Je sais bien dire *A*, mais je ne sais pas dire *B*. » Il paraît que ma résistance dura fort longtemps; je nommais toutes les lettres excepté la seconde, et quand on me demandait pourquoi je la passais sous silence, je répondais imperturbablement : « C'est que je ne connais pas le *B*. »

Le second souvenir que je me retrace de moi-même, et qu'à coup sûr, vu son peu d'importance, personne n'eût songé à me rappeler, c'est la robe et le voile blanc que porta la fille aînée du vitrier le jour de sa première communion. J'avais alors environ trois ans et demi; nous étions dans la rue Grange-Batelière, au troisième, et le vitrier, qui occupait une boutique en bas, avait plusieurs filles qui venaient jouer avec ma sœur et avec moi. Je ne sais plus leurs noms et ne me rappelle spécialement que l'aînée, dont l'habit blanc me parut la plus belle chose du monde. Je ne pouvais me lasser de l'admirer, et ma mère ayant dit tout d'un coup que son blanc était tout jaune et qu'elle était fort mal arrangée, cela me fit une peine étrange. Il me sembla qu'on me causait un vif chagrin en me dégoûtant de l'objet de mon admiration.

Je me souviens qu'une autre fois, comme nous dansions une ronde, cette même enfant chanta :

>Nous n'irons plus au bois,
>Les lauriers sont coupés.

Je n'avais jamais été dans les bois, que je sache, et peut-être n'avais-je jamais vu de lauriers. Mais apparemment je savais ce que c'était, car ces deux petits vers me firent beaucoup rêver. Je me retirai de la danse pour y penser, et je tombai dans une grande mélancolie. Je ne voulus faire part à personne de ma préoccupation, mais j'aurais volontiers pleuré, tant je me sentais triste et privée de ce charmant bois de lauriers où je n'étais entrée en rêve que pour en être aussitôt dépossédée. Explique qui pourra les singularités de l'enfance, mais celle-là fut si marquée chez moi, que je n'en ai jamais perdu l'impression mystérieuse. Toutes les fois qu'on me chanta cette ronde, je sentis la même tristesse me gagner, et je ne l'ai jamais entendu chanter depuis par des enfants sans me retrouver dans la même disposition de regret et de mélancolie. Je vois toujours ce bois avant qu'on y eût porté la cognée, et, dans la réalité, je n'en ai jamais vu d'aussi beau ; je le vois jonché de ses lauriers fraîchement coupés, et il me semble que j'en veux toujours aux Vandales qui m'en ont bannie pour jamais. Quelle était donc l'idée du poëte naïf qui commençait ainsi la plus naïve des danses ?

Je me rappelle aussi la jolie ronde de *Giroflée, girofla,* que tous les enfants connaissent, et où il est question encore d'un bois mystérieux où l'on va *seulette,* et où l'on rencontre le *roi,* la *reine,* le *diable* et l'*amour,* êtres également fantastiques pour les enfants. Je ne me souviens pas d'avoir eu peur du diable, je pense que je n'y croyais pas et qu'on m'empêchait d'y croire, car j'avais l'imagination très-impressionnable et je m'effrayais facilement.

On me fit présent, une fois, d'un superbe polichinelle, tout brillant d'or et d'écarlate. J'en eus peur d'abord, surtout à cause de ma poupée, que je chérissais tendrement et que je me figurais en grand danger auprès de ce petit monstre. Je la serrai précieusement dans l'armoire, et je consentis à jouer avec polichinelle; ses yeux d'émail qui tournaient dans leurs orbites au moyen d'un ressort le plaçaient pour moi dans une sorte de milieu entre le carton et la vie. Au moment de me coucher, on voulut le serrer dans l'armoire auprès de la poupée, mais je ne voulus jamais y consentir, et on céda à ma fantaisie, qui était de le laisser dormir sur le poêle : car il y avait un petit poêle dans notre chambre, qui était plus que modeste, et dont je vois encore les panneaux peints à la colle et la forme en carré long. Un détail que je me rappelle aussi, bien que depuis l'âge de quatre ans je ne sois jamais rentrée dans cet appartement, c'est que l'alcôve était un cabinet fermé par des portes à grillage de laiton sur un fond de toile verte. Sauf une antichambre qui servait de salle à manger et une petite cuisine, il n'y avait pas d'autres pièces que cette chambre à coucher, qui servait de salon pendant le jour. Mon petit lit était placé le soir en dehors de l'alcôve, et quand ma sœur, qui était alors en pension, couchait à la maison, on lui arrangeait un canapé à côté de moi. C'était un canapé vert en velours d'Utrecht. Tout cela m'est encore présent, quoiqu'il ne me soit rien arrivé de remarquable dans cet appartement : mais il faut croire que mon esprit s'y ouvrait à un travail soutenu sur lui-même, car il me semble que tous ces objets sont remplis de mes rêveries, et que je les ai usés à force de les voir. J'avais un amusement particulier avant de m'endormir, c'était de promener mes doigts sur le réseau de laiton de la porte de l'alcôve qui se trouvait à côté de mon lit. Le petit son que j'en tirais me paraissait une musique céleste, et j'entendais ma mère dire : « Voilà Aurore qui joue du grillage. »

Je reviens à mon polichinelle qui reposait sur le poêle, étendu sur le dos et regardant le plafond avec ses yeux vitreux et son méchant rire. Je ne le voyais plus, mais, dans mon imagination, je le voyais encore, et je m'endormis très-préoccupée du genre d'existence de ce vilain être qui riait toujours et qui pouvait me suivre des yeux dans tous les coins de la chambre. La nuit, je fis un rêve épouvantable : polichinelle s'était levé, sa bosse de devant, revêtue d'un gilet de paillon rouge, avait pris feu sur le poêle, et il courait partout, poursuivant tantôt moi, tantôt ma poupée qui fuyait éperdue, tandis qu'il nous atteignait par de longs jets de flamme. Je réveillai ma mère par mes cris. Ma sœur, qui dormait près de moi, s'avisa de ce qui me tourmentait, et porta le polichinelle dans la cuisine, en disant que c'était une vilaine poupée pour un enfant de mon âge. Je ne le revis plus. Mais l'impression imaginaire que j'avais reçue de la brûlure me resta pendant quelque temps, et, au lieu de jouer avec le feu comme jusque-là j'en avais eu la passion, la seule vue du feu me laissa une grande terreur.

Nous allions alors à Chaillot voir ma tante Lucie, qui y avait une petite maison et un jardin. J'étais paresseuse à marcher et voulais toujours me faire porter par notre ami Pierret, pour qui, de Chaillot au boulevard, j'étais un poids assez incommode. Pour me décider à marcher le soir au retour, ma mère imagina de me dire qu'elle allait me laisser seule au milieu de la rue. C'était au coin de la rue de Chaillot et des Champs-Élysées, et il y avait une petite vieille femme qui en ce moment allumait le réverbère. Bien persuadée qu'on ne m'abandonnerait pas, je m'arrêtai, décidée à ne point marcher, et ma mère fit quelques pas avec Pierret pour voir comment je prendrais l'idée de rester seule. Mais comme la rue était à peu près déserte, l'allumeuse de réverbère avait entendu notre contestation, et se tournant vers moi, elle me dit d'une voix cassée : « Prenez garde à moi, c'est moi qui ramasse les » méchantes petites filles, et je les enferme dans » mon réverbère pour toute la nuit. »

Il semblait que le diable eût soufflé à cette bonne femme l'idée qui pouvait le plus m'effrayer. Je ne me souviens pas d'avoir éprouvé une terreur pareille à ce qu'elle m'inspira. Le réverbère, avec son réflecteur étincelant, prit aussitôt à mes yeux des proportions fantastiques, et je me voyais déjà enfermée dans cette prison de cristal, consumée par la flamme que faisait jaillir à volonté le polichinelle en jupons. Je courus après ma mère en poussant des cris aigus. J'entendais rire la vieille, et le grincement du réverbère qu'elle remontait me causa un frisson nerveux, comme si je me sentais élevée au-dessus de terre et pendue avec la lanterne infernale.

Quelquefois nous prenions le bord de l'eau pour aller à Chaillot. La fumée et le bruit de la pompe à feu me causaient une épouvante dont je ressens encore l'impression.

La peur est, je crois, la plus grande souffrance morale des enfants : les forcer à voir de près ou à toucher l'objet qui les effraye est un moyen de guérison que je n'approuve pas. Il faut plutôt les en éloigner et les en distraire ; car le système nerveux domine leur organisation, et quand ils ont reconnu leur erreur, ils ont éprouvé une si violente angoisse à s'y voir contraints, qu'il n'est plus temps pour eux de perdre le sentiment de la peur. Elle est devenue en eux un mal physique que leur raison est impuissante à combattre. Il en est de même des femmes nerveuses et pusillanimes. Les encourager dans leur faiblesse est un grand tort ; mais la brusquer trop en est un pire, et la contrainte provoque souvent chez elles de véritables attaques de nerfs, bien que les nerfs ne fussent pas en jeu sérieusement au commencement de l'épreuve.

Ma mère n'avait point cette cruauté : quand nous passions devant la pompe à feu, voyant que je pâlissais et ne pouvais plus me soutenir, elle me mettait dans les bras du bon Pierret. Il cachait ma tête dans sa poitrine, et j'étais rassurée par la confiance qu'il m'inspirait. Il vaut mieux trouver au mal moral un remède moral, que de forcer la nature et d'essayer d'apporter au mal physique une épreuve physique plus pénible encore.

C'est dans la rue Grange-Batelière que j'eus entre les mains un vieux abrégé de mythologie que je possède encore et qui est accompagné de grandes planches gravées, les plus comiques qui se puissent imaginer. Quand je me rappelle l'intérêt et l'admiration avec lesquels je contemplais ces images grotesques, il me semble encore les voir telles qu'elles m'apparaissaient alors. Sans lire le texte, j'appris bien vite, grâce aux images, les principales données de la fabulation antique, et cela m'intéressait prodigieusement. On me menait quelquefois aux ombres chinoises de l'éternel Séraphin et aux pièces féeriques du boulevard. Enfin ma mère et ma sœur me racontaient les contes de Perrault, et quand ils étaient épuisés, elles ne se gênaient pas pour en inventer de nouveaux qui ne me paraissaient pas les moins jolis de tous. Avec cela on me parlait du paradis et on me régalait de ce qu'il y avait de plus frais et de plus joli dans l'allégorie catholique; si bien que les anges et les amours, la bonne Vierge et la bonne fée, les polichinelles et les magiciens, les diablotins du théâtre et les saints de l'Église se confondant dans ma cervelle, y produisaient le plus étrange gâchis poétique qu'on puisse imaginer.

CHAPITRE ONZIÈME.

Ma mère avait des idées religieuses que le doute n'effleura jamais, vu qu'elle ne les examina jamais. Elle ne se mettait donc nullement en peine de me présenter comme vraies ou comme emblématiques les notions de merveilleux qu'elle me versait à pleines mains, artiste et poëte qu'elle était elle-même sans le savoir, croyant dans sa religion à tout ce qui était beau et bon, rejetant tout ce qui était sombre et menaçant, et me parlant des trois Grâces ou des neuf Muses avec autant de sérieux que des vertus théologales ou des vierges sages.

Que ce soit éducation, insufflation ou prédisposition, il est certain que l'amour du roman s'empara de moi passionnément avant que j'eusse fini d'apprendre à lire. Voici comment :

Je ne comprenais pas encore la lecture des contes de fées, les mots imprimés, même dans le style le plus élémentaire, ne m'offraient pas grand sens, et c'est par le récit que j'arrivais à comprendre ce qu'on m'avait fait lire. De mon propre mouvement, je ne lisais pas, j'étais paresseuse par nature et n'ai pu me vaincre qu'avec de grands efforts. Je ne cherchais dans les livres que les images ; mais tout ce que j'apprenais par les yeux et par les oreilles entrait en ébullition dans ma petite tête, et j'y rêvais au point de perdre souvent la notion de la réalité et du milieu où je me trouvais. Comme j'avais eu longtemps la manie de jouer au poêle avec le feu, ma mère, qui n'avait pas de servante et que je vois toujours occupée à coudre, ou à soigner le pot-au-feu, ne pouvait se débarrasser de moi qu'en me retenant souvent dans la prison qu'elle m'avait inventée, à savoir, quatre chaises avec une chaufferette sans feu au milieu, pour m'asseoir quand je serais fatiguée, car nous n'avions pas le luxe d'un coussin. C'étaient des chaises garnies en paille, et je m'évertuais à les dégarnir avec mes ongles; il faut croire qu'on les avait sacrifiées à mon usage. Je me rappelle que j'étais encore si petite, que pour me livrer à cet amusement j'étais obligée de monter sur la chaufferette; alors je pouvais appuyer mes coudes sur les siéges, et je jouais des griffes avec une patience miraculeuse; mais, tout en cédant ainsi au besoin d'occuper mes mains, besoin qui m'est toujours resté, je ne pensais nullement à la paille des chaises; je composais à haute voix d'interminables contes que ma mère appelait mes romans. Je n'ai aucun souvenir de ces plaisantes compositions, ma mère m'en a parlé mille fois, et longtemps avant que j'eusse la pensée d'écrire. Elle les déclarait souverainement ennuyeuses, à cause de leur longueur et du développement que je donnais aux digressions. C'est un défaut que j'ai bien conservé, à ce qu'on dit; car, pour moi, j'avoue que je me rends peu de compte de ce que je fais, et que j'ai aujourd'hui, tout comme à quatre ans, un laisser aller invincible dans ce genre de création.

Il paraît que mes histoires étaient une sorte de pastiche de tout ce dont ma petite cervelle était obsédée. Il y avait toujours un canevas dans le goût des contes de fées, et pour personnages principaux, une bonne fée, un bon prince et une belle princesse. Il y avait peu de méchants êtres, et jamais de grands malheurs. Tout s'arrangeait sous l'influence d'une pensée riante et optimiste comme l'enfance. Ce qu'il y avait de curieux, c'était la durée de ces histoires et une sorte de suite, car j'en reprenais le fil là où il avait été interrompu la veille. Peut-être ma mère, écoutant machinalement et comme malgré elle ces longues divagations, m'aidait-elle à son insu à m'y retrouver. Ma tante se souvient aussi de ces histoires, et s'égaye à ce souvenir. Elle se rappelle m'avoir dit souvent : « Eh bien, Aurore, est-ce que ton prince n'est pas encore sorti de la forêt? Ta princesse aura-t-elle bientôt fini de mettre sa robe à queue et sa couronne d'or? — Laisse-la tranquille, disait ma mère, je ne peux travailler en repos que quand elle commence ses romans entre quatre chaises. »

Je me rappelle d'une manière plus nette l'ardeur que je prenais aux jeux qui simulaient une action véritable. J'étais maussade pour commencer. Quand ma sœur ou la fille aînée du vitrier venaient me provoquer aux jeux classiques de pied de bœuf ou de main chaude, je n'en trouvais aucun à mon gré, ou je m'en lassais vite. Mais avec ma cousine Clotilde ou les autres enfants de mon âge, j'arrivais d'emblée aux jeux qui flattaient ma fantaisie. Nous simulions des batailles, des fuites à travers ces bois qui jouaient un si grand rôle dans mon imagination. Et puis l'une de nous était perdue, les autres la cherchaient et l'appelaient. Elle était endormie sous un arbre, c'est-à-dire sous le canapé. On venait à son aide ; l'une de nous était la mère des autres ou leur général, car l'impression militaire du dehors pénétrait forcément jusque dans notre nid, et plus d'une fois j'ai fait l'empereur et j'ai commandé sur le champ de bataille. On mettait en lambeaux les poupées, les bonshommes et les ménages, et il paraît que mon père avait l'imagination aussi jeune que nous, car il ne pouvait souffrir cette représentation microscopique des scènes d'horreur qu'il voyait à la guerre. Il disait à ma mère : « Je t'en prie, donne un coup de balai au champ de bataille de ces enfants ; c'est une manie, mais cela me fait mal de voir par terre ces bras, ces jambes et toutes ces guenilles rouges. »

Nous ne nous rendions pas compte de notre férocité, tant les poupées et les bonshommes souffraient patiemment le carnage. Mais en galopant sur nos coursiers imaginaires et en frappant de nos sabres invisibles les meubles et les jouets, nous nous laissions emporter à un enthousiasme qui nous donnait la fièvre. On nous reprochait nos jeux de garçons, et il est certain que ma cousine et moi nous avions l'esprit avide d'émotions viriles. Je me retrace particulièrement un jour d'automne où le dîner étant servi, la nuit s'était faite dans la chambre. Ce n'était pas chez nous, mais à Chaillot, chez ma tante, à ce que je puis croire, car il y avait des rideaux de lit, et chez nous il n'y en avait pas. Nous nous poursuivions l'une l'autre à travers les arbres, c'est-à-dire sous les plis du rideau, Clotilde et moi; l'appartement avait disparu à nos yeux, et nous étions véritablement dans un sombre paysage à l'entrée de la nuit. On nous appelait pour dîner, et nous n'entendions rien. Ma mère vint me prendre dans ses bras pour me porter à table, et je me rappellerai toujours l'étonnement où je fus en voyant les lumières, la table et les objets réels qui m'environnaient. Je sortais positivement d'une hallucination complète et il me coûtait d'en sortir si brusquement. Quelquefois, étant à Chaillot, je croyais être chez nous à Paris, et réciproquement. Il me fallait faire souvent un effort pour m'assurer du lieu où j'étais, et j'ai vu ma fille enfant subir cette illusion d'une manière très-prononcée.

Je ne crois pas avoir revu cette maison de Chaillot depuis 1808, car, après le voyage d'Espagne, je n'ai plus quitté Nohant jusqu'après l'époque où mon oncle vendit à l'État sa petite propriété, qui se trouvait sur l'emplacement destiné au palais du roi de Rome. Que je me trompe ou non, je placerai ici ce que j'ai à dire de cette maison, qui était alors une véritable maison de campagne, Chaillot n'étant point bâti comme il l'est aujourd'hui.

C'était l'habitation la plus modeste du monde, je le comprends aujourd'hui que les objets restés dans ma mémoire m'apparaissent avec leur valeur véritable. Mais à l'âge que j'avais alors c'était un paradis. Je pourrais dessiner le plan du local et celui du jardin, tant ils me sont restés présents. Le jardin était surtout pour moi un lieu de délices, car c'était le seul que je connusse. Ma mère, qui, malgré ce qu'on disait d'elle alors à ma grand'mère, vivait dans une gêne voisine de la pauvreté, et avec une économie et un labeur domestiques dignes d'une femme du peuple, ne me menait pas aux Tuileries étaler des toilettes que nous n'avions pas, et me maniérer en jouant au cerceau ou à la corde sous les regards des badauds. Nous ne sortions de notre triste réduit que pour aller quelquefois au théâtre, dont ma mère avait le goût prononcé, ainsi que je l'avais déjà, et le plus souvent à Chaillot, où nous étions toujours reçues à grands cris de joie. Le voyage à pied et le passage par la pompe à feu me contrariaient bien d'abord, mais à peine avais-je mis le pied dans le jardin, que je me croyais dans l'île enchantée de mes contes. Clotilde, qui pouvait s'ébattre là au grand soleil toute la journée, était bien plus fraîche et plus enjouée que moi. Elle me faisait les honneurs de son Éden avec ce bon cœur et cette franche gaîté qui ne l'ont jamais abandonnée. Elle était certes la meilleure de nous deux, la mieux portante et la moins capricieuse : aussi je l'adorais en dépit de quelques algarades que je provoquais toujours et auxquelles elle répondait par des moqueries qui me mortifiaient beaucoup. Ainsi, quand elle était mécontente de moi, elle jouait sur mon nom d'Aurore et m'appelait *horreur*, injure qui m'exaspérait. Mais pouvais-je bouder longtemps en face d'une charmille verte et d'une terrasse toute bordée de pots de fleurs? C'est là que j'ai vu les premiers fils de la Vierge, tout blancs et brillants au soleil d'automne; ma sœur y était ce jour-là, car ce fut elle qui m'expliqua doctement comme quoi la sainte Vierge filait elle-même ces jolis fils sur sa quenouille d'ivoire. Je n'osais pas les briser et je me faisais bien petite pour passer dessous.

Le jardin était un carré long, fort petit en réalité, mais qui me semblait immense, quoique j'en fisse le tour deux cents fois par jour. Il était régulièrement dessiné à la mode d'autrefois; il y avait des fleurs et des légumes; pas la moindre vue, car il était tout entouré de murs; mais il y avait au fond une terrasse sablée à laquelle on montait par des marches en pierre, avec un grand vase de terre cuite classiquement bête de chaque côté, et c'était sur cette terrasse, lieu idéal pour moi, que se passaient nos grands jeux de bataille, de fuite et de poursuite.

C'est là aussi que j'ai vu des papillons pour la première fois et de grandes fleurs de tournesol qui me paraissaient avoir cent pieds de haut. Un jour, nous fûmes interrompues dans nos jeux par une grande rumeur au dehors. On criait Vive l'empereur, on marchait à pas précipités, on s'éloignait, et les cris continuaient toujours. L'empereur passait en effet à quelque distance, et nous entendions le trot des chevaux et l'émotion de la foule. Nous ne pouvions pas voir à travers le mur, mais ce fut bien beau dans mon imagination, je m'en souviens, et nous criâmes de toutes nos forces : *Vive l'empereur !* transportées d'un enthousiasme sympathique.

Savions-nous ce que c'était que l'empereur ? Je ne m'en souviens pas, mais il est probable que nous en entendions parler sans cesse. Je m'en fis une idée distincte peu de temps après, je ne saurais dire précisément l'époque, mais ce devait être à la fin de 1807.

Il passait la revue sur le boulevard, et il était non loin de la Madeleine, lorsque, ma mère et Pierret ayant réussi à pénétrer jusqu'auprès des soldats,

Pierret m'éleva dans ses bras au-dessus des shakos pour que je pusse le voir. Cet objet qui dominait la ligne des têtes frappa machinalement les yeux de l'empereur, et ma mère s'écria : « Il t'a regardée, » souviens-toi de ça, ça te portera bonheur! » Je crois que l'empereur entendit ces paroles naïves, car il me regarda tout à fait, et je crois voir encore une sorte de sourire flotter sur son visage pâle, dont la sévérité froide m'avait effrayée d'abord. Je n'oublierai donc jamais sa figure et surtout cette expression de son regard qu'aucun portrait n'a pu rendre. Il était à cette époque assez gras et blême. Il avait une redingote sur son uniforme, mais je ne saurais dire si elle était grise; il avait son chapeau à la main au moment où je le vis, et je fus comme magnétisée un instant par ce regard clair, si dur au premier moment, et tout à coup si bienveillant et si doux. Je l'ai revu d'autres fois, mais confusément, parce que j'étais moins près et qu'il passait plus vite.

J'ai vu aussi le roi de Rome enfant dans les bras de sa nourrice. Il était à une fenêtre des Tuileries et il riait aux passants; en me voyant il se mit à rire encore plus, par l'effet sympathique que les enfants produisent les uns sur les autres. Il tenait un gros bonbon dans sa petite main, et il le jeta de mon côté. Ma mère voulut le ramasser pour me le donner, mais le factionnaire qui surveillait la fenêtre ne voulut pas permettre qu'elle fît un pas au delà de la ligne qu'il gardait. La gouvernante lui fit en vain signe que le bonbon était pour moi et qu'il fallait me le donner. Cela n'entrait probablement pas dans la consigne de ce militaire, et il fit la sourde oreille. Je fus très-blessée du procédé, et je m'en allai demandant à ma mère pourquoi ce soldat était si malhonnête. Elle m'expliqua que son devoir était de garder ce précieux enfant, et d'empêcher qu'on ne l'approchât de trop près, parce que des gens mal intentionnés pourraient lui faire du mal. Cette idée que quelqu'un pût vouloir faire du mal à un enfant me parut exorbitante; mais à cette époque j'avais neuf ou dix ans, car le petit roi *in partibus* en avait deux tout au plus, et cette anecdote n'est qu'une digression par anticipation.

Un souvenir qui date de mes quatre premières années est celui de ma première émotion musicale. Ma mère avait été voir quelqu'un dans un village près de Paris, je ne sais lequel. L'appartement était très-élevé, et de la fenêtre, étant trop petite pour voir le fond de la rue, je ne distinguais que le faîte des maisons environnantes et beaucoup d'étendue de ciel. Nous passâmes là une partie de la journée, mais je ne fis attention à rien, tant j'étais préoccupée du son d'un flageolet qui joua tout le temps une foule d'airs qui me parurent admirables. Le son partait d'une des mansardes les plus élevées, et même d'assez loin, car ma mère, à qui je demandai ce que c'était, l'entendait à peine. Pour moi, dont l'ouïe était apparemment plus fine et plus sensible à cette époque, je ne perdais pas une seule modulation de ce petit instrument, si aigu de près, si doux à distance, et j'en étais charmée. Il me semblait l'entendre dans un rêve. Le ciel était pur et d'un bleu étincelant, et ces délicates mélodies semblaient planer sur les toits et se perdre dans le ciel même. Qui sait si ce n'était pas un artiste d'une inspiration supérieure, qui n'avait en ce moment d'autre auditeur attentif que moi? Ce pouvait bien être aussi un marmiton qui étudiait l'air de la *Monaco* ou des *Folies d'Espagne*. Quoi qu'il en soit, j'éprouvais d'indicibles jouissances musicales, et j'étais véritablement en extase devant cette fenêtre, où, pour la première fois, je comprenais vaguement l'harmonie des choses extérieures, mon âme étant également ravie par la musique et par la beauté du ciel.

CHAPITRE DOUZIÈME

Intérieur de mes parents. — Mon ami Pierret. — Départ pour l'Espagne. — Les poupées. — Les Asturies. — Les liserons et les ours. — La tache de sang. — Les pigeons. — La pie parlante.

Tous mes souvenirs d'enfance sont bien puérils, comme l'on voit, mais si chacun de mes lecteurs fait un retour sur lui-même en me lisant, s'il se retrace avec plaisir les premières émotions de sa vie, s'il se sent redevenir enfant pendant une heure, ni lui ni moi n'aurons perdu notre temps; car l'enfance est bonne, candide, et les meilleurs êtres sont ceux qui gardent le plus ou qui perdent le moins de cette candeur et de cette sensibilité primitives.

J'ai très-peu de souvenir de mon père avant la campagne d'Espagne. Il était si souvent absent que je dus le perdre de vue pendant de longs intervalles. Il a pourtant passé auprès de nous l'hiver de 1807 à 1808, car je me rappelle vaguement de tranquilles dîners à la lumière, et un plat de friandise, à coup sûr fort modeste, car il consistait en vermicelle cuit dans du lait sucré, que mon père faisait

CHAPITRE DOUZIÈME.

semblant de vouloir manger tout entier pour s'amuser de ma gourmandise désappointée. Je me rappelle aussi qu'il faisait avec sa serviette, nouée et roulée de diverses manières, des figures de moine, de lapin et de pantin qui me faisaient beaucoup rire. Je crois qu'il m'eût horriblement gâtée, car ma mère était forcée de s'interposer entre nous pour qu'il n'encourageât pas tous mes caprices au lieu de les réprimer. On m'a dit que, pendant le peu de temps qu'il pouvait passer dans sa famille, il s'y trouvait si heureux qu'il ne voulait pas perdre sa femme et ses enfants de vue, qu'il jouait avec moi des jours entiers, et qu'en grand uniforme il n'avait nullement honte de me porter dans ses bras, au milieu de la rue et sur les boulevards.

A coup sûr, j'étais très-heureuse, car j'étais très-aimée ; nous étions pauvres, et je ne m'en apercevais nullement. Mon père touchait pourtant alors des appointements qui eussent pu nous procurer de l'aisance, si les dépenses qu'entraînaient ses fonctions d'aide de camp de Murat n'eussent dépassé ses recettes. Ma grand'mère se privait elle-même pour le mettre sur le pied de luxe insensé qu'on exigeait de lui, et encore laissa-t-il des dettes de chevaux, d'habits et d'équipements. Ma mère fut souvent accusée d'avoir ajouté par son désordre à ces embarras de famille. J'ai le souvenir si net de notre intérieur à cette époque, que je puis affirmer qu'elle ne méritait en rien ces reproches. Elle faisait elle-même son lit, balayait l'appartement, raccommodait ses nippes et faisait la cuisine. C'était une femme d'une activité et d'un courage extraordinaires. Toute sa vie elle s'est levée avec le jour et couchée à une heure du matin, et je ne me rappelle pas l'avoir vue oisive chez elle un seul instant. Nous ne recevions personne en dehors de notre famille et de l'excellent ami Pierret, qui avait pour moi la tendresse d'un père et les soins d'une mère.

C'est le moment de faire l'histoire et le portrait de cet homme inappréciable que je regretterai toute ma vie. Pierret était fils d'un petit propriétaire champenois, et dès l'âge de dix-huit ans il était employé au trésor, où il a toujours occupé un emploi modeste. C'était le plus laid des hommes, mais cette laideur était si bonne qu'elle appelait la confiance et l'amitié. Il avait un gros nez épaté, une bouche épaisse et de très-petits yeux ; ses cheveux blonds frisaient obstinément, et sa peau était si blanche et si rose qu'il parut toujours jeune. A quarante ans, il se mit fort en colère parce qu'un commis de la mairie, où il servait de témoin au mariage de ma sœur, lui demanda de très-bonne foi s'il avait atteint l'âge de majorité. Il était pourtant assez grand et assez gros, et sa figure était toute ridée, à cause d'un tic nerveux qui lui faisait faire perpétuellement des grimaces effroyables. C'était peut-être ce tic même qui empêchait qu'on pût se faire une idée juste de l'espèce de visage qu'il pouvait avoir Mais je crois que c'était surtout l'expression candide et naïve de cette physionomie dans ses rares instants de repos qui prêtait à l'illusion. Il n'avait pas la moindre parcelle de ce qu'on appelle de l'esprit ; mais, comme il jugeait tout avec son cœur et sa conscience, on pouvait bien lui demander conseil sur les affaires les plus délicates de la vie. Je ne crois pas qu'il ait jamais existé un homme plus pur, plus loyal, plus dévoué, plus généreux et plus juste, et son âme était d'autant plus belle, qu'il n'en connaissait pas la beauté et la rareté. Croyant à la bonté des autres, il ne s'est jamais douté qu'il fût une exception.

Il avait des goûts fort prosaïques. Il aimait le vin, la bière, la pipe, le billard et le domino. Tout le temps qu'il ne passait pas avec nous, il le passait dans un estaminet de la rue du Faubourg-Poissonnière, à l'enseigne du *Cheval blanc.* Il y était comme dans sa famille, car il le fréquenta pendant trente ans, et il y porta jusqu'à son dernier jour son inépuisable enjouement et son incomparable bonté. Sa vie s'est donc écoulée dans un cercle bien obscur et fort peu varié. Il s'y est trouvé heureux, et comment ne l'eût-il pas été? Quiconque l'a connu, l'a aimé, et jamais l'idée du mal n'a effleuré son âme honnête et simple.

Il était pourtant fort nerveux, et par conséquent colère et susceptible ; mais il fallait que sa bonté fût bien irrésistible, car il n'a jamais réussi à blesser personne. On n'a pas idée des brusqueries et des algarades que j'ai eues à essuyer de lui. Il frappait du pied, roulait ses petits yeux, devenait rouge et se livrait aux plus fantastiques grimaces, tout en vous adressant dans un langage peu parlementaire les plus véhéments reproches. Ma mère avait coutume de n'y pas faire la moindre attention. Elle se contentait de dire : « Ah ! voilà Pierret en colère, nous allons voir de belles grimaces ! » et aussitôt Pierret, oubliant le ton tragique, se mettait à rire. Elle le taquinait beaucoup, et il n'est pas étonnant qu'il perdît souvent patience. Dans ses dernières années, il était devenu plus irascible encore, et il ne se passait guère de jour qu'il ne prît son chapeau et ne sortît de chez elle en lui déclarant qu'il n'y remettrait jamais les pieds ; mais il revenait le soir sans se rappeler la solennité de ses adieux du matin.

Quant à moi, il s'arrogeait un droit de paternité qui eût été jusqu'à la tyrannie s'il lui eût été possible de réaliser ses menaces. Il m'avait vue naître et il m'avait sevrée. Cela est assez remarquable pour donner une idée de son caractère. Ma mère, étant épuisée de fatigue, mais ne pouvant se résoudre à braver mes cris et mes plaintes, et craignant aussi que je fusse mal soignée la nuit par une bonne, était arrivée à ne plus dormir, dans un moment où elle en avait grand besoin. Voyant cela, un soir, de sa propre autorité, Pierret vint me prendre dans mon berceau et m'emporta chez lui, où il me garda quinze ou vingt nuits, dormant à peine, tant il craignait pour moi, et me faisant boire du lait et de l'eau sucrée avec autant de sollicitude, de soin et de propreté qu'une berceuse eût pu le faire. Il me rapportait chaque matin à ma mère pour aller à son bureau, puis au *Cheval blanc;* et chaque soir il venait me reprendre, me portant ainsi à pied devant tout le quartier, lui grand garçon de vingt-deux ou vingt-trois ans, et ne se souciant guère d'être remarqué. Quand ma mère faisait mine de résister et de s'inquiéter, il se fâchait tout rouge, lui reprochait son imbécile faiblesse, car il ne choisissait pas ses épithètes, il le disait lui-même avec grand contentement de sa manière d'agir : et quand il me rapportait, ma mère était forcée d'admirer combien j'étais proprette, fraîche et de bonne humeur. Il est si peu dans les goûts et dans les facultés d'un homme, et surtout d'un homme d'estaminet comme Pierret, de soigner un enfant de dix mois, que c'est merveille non qu'il l'ait fait, mais que l'idée lui en soit venue. Enfin je fus sevrée par lui, et il en vint à bout à son honneur, ainsi qu'il l'avait annoncé.

On pense bien qu'il me regarda toujours comme

un petit enfant, et j'avais environ quarante ans qu'il me parlait toujours comme à un marmot. Il était très-exigeant sur le chapitre non de la reconnaissance, il n'avait jamais songé à se faire valoir en quoi que ce soit, mais sur celui de l'amitié. Et quand on l'éprouvait en lui demandant pourquoi il voulait être tant aimé, il ne savait répondre que ceci : C'est que je vous aime. Et il disait cette douce parole d'un ton de fureur et avec une contraction nerveuse qui lui faisaient grincer les dents. Si, en écrivant trois mots à ma mère, j'oubliais une seule fois d'adresser quelque amitié à Pierret, et que je vinsse à le rencontrer sur ces entrefaites, il me tournait le dos et refusait de me dire bonjour. Les explications et les excuses ne servaient de rien. Il me traitait de mauvais cœur, de mauvais enfant, et il me jurait une rancune et une haine éternelles. Il disait cela d'une manière si comique qu'on eût cru qu'il jouait une sorte de parade, si on n'eût vu de grosses larmes rouler dans ses yeux. Ma mère, qui connaissait cet état nerveux, lui disait : « Taisez-vous donc, Pierret, vous êtes fou; » et même elle le pinçait fortement pour que ce fût plus vite fini. Alors il revenait à lui-même et daignait écouter ma justification. Il ne fallait qu'un mot du cœur et une caresse pour l'apaiser et le rendre heureux, aussitôt qu'on avait réussi à la lui faire entendre.

Il avait fait connaissance avec mes parents dès

les premiers jours de mon existence, et d'une manière qui les avait liés tout d'un coup. Une parente à lui demeurait rue Meslay, sur le même carré que ma mère. Cette femme avait un enfant de mon âge qu'elle négligeait, et qui, privé de son lait, criait tout le jour. Ma mère entra dans la chambre où le petit malheureux mourait de besoin, le fit teter, et continua à le secourir ainsi sans rien dire. Mais Pierret, en venant voir sa parente, surprit ma mère dans cette occupation, en fut attendri, et se dévoua à elle et aux siens pour toujours.

A peine eut-il vu mon père qu'il se prit également pour lui d'une affection immense. Il se chargea de toutes ses affaires, y mit de l'ordre, le débarrassa des créanciers de mauvaise foi, l'aida par sa prévoyance à satisfaire peu à peu les autres; enfin il le délivra de tous les soins matériels qu'il était peu capable de débrouiller sans le secours d'un esprit rompu aux affaires de détail et toujours occupé du bien-être d'autrui. C'est lui qui lui choisissait ses domestiques, qui réglait ses mémoires, qui touchait ses recettes et lui faisait parvenir de l'argent à coup sûr, en quelque lieu que l'imprévu de la guerre l'eût porté. Mon père ne partait jamais pour une campagne sans lui dire : « Pierret, je te recommande ma femme et mes enfants, et si je ne reviens pas, songe que c'est pour toute ta vie. » Pierret prit cette recommandation au sérieux, car toute sa vie nous fut consacrée après la mort de mon père. On voulut bien incriminer ces relations domestiques, car qu'y a-t-il de sacré en ce monde, et quelle âme peut être jugée pure par celles qui ne le sont pas? mais à quiconque a été digne de comprendre Pierret, une semblable supposition paraîtra toujours un outrage à sa mémoire. Il n'était pas assez séduisant pour rendre ma mère infidèle, même par la pensée. Il était trop consciencieux et trop probe pour ne pas s'éloigner d'elle, s'il eût senti en lui-même le danger de trahir, même mentalement, la confiance dont il était si fier et si jaloux. Par la suite, il épousa la fille d'un général sans fortune, et ils firent très-bon ménage ensemble, cette personne étant estimable et bonne, à ce que j'ai toujours entendu dire à ma mère, que j'ai vue en relations affectueuses avec elle.

Quand notre voyage en Espagne fut résolu, ce fut Pierret qui fit tous nos préparatifs. Ce n'était pas une entreprise fort prudente de la part de ma mère, car elle était grosse de sept à huit mois. Elle voulait m'emmener, et j'étais encore un personnage assez incommode. Mais mon père annonçait un séjour de quelque temps à Madrid, et ma mère avait, je crois, quelque soupçon jaloux. Quel que fût le motif, elle s'obstina à l'aller rejoindre, et se laissa séduire, je crois, par l'occasion. La femme d'un fournisseur de l'armée, qu'elle connaissait, partait en poste et lui offrait une place dans sa calèche pour la conduire jusqu'à Madrid.

Cette dame avait pour tout protecteur dans cette occurence un petit jockey de douze ans. Nous voici donc en route ensemble, deux femmes dont une enceinte, et deux enfants dont je n'étais pas le plus déraisonnable et le plus insoumis.

Je ne crois pas avoir eu de chagrin en me séparant de ma sœur, qui restait en pension, et de ma cousine Clotilde; comme je ne les voyais pas tous les jours, je ne me faisais pas l'idée de la durée plus ou moins longue d'une séparation que je voyais recommencer toutes les semaines. Je ne regrettai pas non plus l'appartement, quoique ce fût à peu près mon univers, et que je n'eusse encore guère existé ailleurs, même par la pensée. Ce qui me serra véritablement le cœur pendant les premiers moments du voyage, ce fut la nécessité de laisser ma poupée dans cet appartement désert, où elle devait s'ennuyer si fort.

Le sentiment que les petites filles éprouvent pour leur poupée est véritablement assez bizarre, et je l'ai ressenti si vivement et si longtemps que, sans l'expliquer, je puis aisément le définir. Il n'est aucun moment de leur enfance où elles se trompent entièrement sur le genre d'existence de cet être inerte qu'on leur met entre les mains, et qui doit développer en elles le sentiment de la maternité, pour ainsi dire avec la vie. Du moins, quant à moi, je ne me souviens pas d'avoir jamais cru que ma poupée fût un être animé : pourtant j'ai ressenti pour certaines de celles que j'ai possédées une véritable affection maternelle. Ce n'était pas précisément de l'idolâtrie, quoique l'usage de faire aimer ces sortes de fétiches aux enfants soit un peu sauvage ; je ne me rendais pas bien compte de ce que c'était que cette affection, et je crois que si j'eusse pu l'analyser, j'y aurais trouvé quelque chose d'analogue, relativement, à ce que les catholiques fervents éprouvent en face de certaines images de dévotion. Ils savent que l'image n'est pas l'objet même de leur adoration, et pourtant ils se prosternent devant l'image, ils la parent, ils l'encensent, ils lui font des offrandes. Les anciens n'étaient pas plus idolâtres que nous, quoi qu'on en ait dit. En aucun temps les hommes éclairés n'ont adoré ni la statue de Jupiter, ni l'idole de Mammon ; c'est Jupiter et Mammon qu'ils révéraient sous les symboles extérieurs. Mais en tout temps, aujourd'hui comme jadis, les esprits incultes ont été assez empêchés de faire une distinction bien nette entre le dieu et l'image.

Il en est ainsi des enfants en général. Ils sont entre le réel et l'impossible. Ils ont besoin de soigner ou de gronder, de caresser ou de briser ce fétiche d'enfant ou d'animal qu'on leur donne pour jouet,

CHAPITRE DOUZIÈME.

et dont on les accuse à tort de se dégoûter trop vite. Il est tout simple, au contraire, qu'ils s'en dégoûtent. En les brisant, ils protestent contre le mensonge. Un instant ils ont cru trouver la vie dans cet être muet qui bientôt leur montre ses muscles de fil de laiton, ses membres difformes, son cerveau vide, ses entrailles de son ou de filasse. Et le voilà qui souffre l'examen, qui se soumet à l'autopsie, qui tombe lourdement au moindre choc et se brise d'une façon ridicule. Comment l'enfant aurait-il pitié de cet être qui n'excite que son mépris ? Plus il l'a admiré dans sa fraîcheur et dans sa nouveauté, plus il le dédaigne quand il a surpris le secret de son inertie et de sa fragilité.

J'ai aimé à casser les poupées, et les faux chats, et les faux chiens, et les faux petits hommes, tout comme les autres enfants. Mais il y a eu par exception certaines poupées que j'ai soignées comme de vrais enfants. Quand j'avais déshabillé la petite personne, si je voyais ses bras vaciller sur les épingles qui les retenaient aux épaules et ses mains de bois se détacher de ses bras, je ne pouvais me faire aucune illusion sur son compte, et je la sacrifiais vite aux jeux impétueux et belliqueux ; mais si elle était solide et bien faite, si elle résistait aux premières épreuves, si elle ne se cassait pas le nez à sa première chute, si ses yeux d'émail avaient une espèce de regard dans mon imagination, elle devenaît ma fille, je lui rendais des soins infinis, et je la faisais respecter des autres enfants avec une jalousie incroyable.

J'avais aussi des jouets de prédilection, un entre autres que je n'ai jamais oublié et qui s'est perdu à mon grand regret, car je ne l'ai point brisé, et il se peut qu'il fût effectivement aussi joli qu'il me le paraît dans mes souvenirs.

C'était une pièce de surtout de table assez ancienne, car elle avait servi de jouet à mon père dans son enfance, le surtout entier n'existant plus apparemment à cette époque. Il l'avait retrouvée chez ma grand'mère en fouillant dans une armoire, et, se rappelant combien ce jouet lui avait plu, il me l'avait apportée. C'était une petite Vénus en biscuit de Sèvres portant deux colombes dans ses mains. Elle était montée sur un piédestal, lequel tenait à un petit plateau ovale doublé d'une glace et entouré de découpures de cuivre doré. Dans cette garniture se trouvaient des tulipes qui servaient de chandeliers, et quand on y allumait de petites bougies, la glace, qui figurait un bassin d'eau vive, reflétait les lumières, et la statue, et les jolis ornements dorés de la garniture. C'était pour moi tout un monde enchanté que ce joujou, et quand ma mère m'avait raconté pour la dixième fois le charmant conte de Gracieuse et Percinet, je me mettais à composer en imagination des paysages ou des jardins magiques, dont je croyais saisir la répétition dans un lac. Où les enfants trouvent-ils la vision des choses qu'ils n'ont jamais vues?

Lorsque nos paquets pour le voyage en Espagne furent terminés, j'avais une poupée chérie qu'on m'eût sans doute laissée emporter. Mais ce ne fut pas mon idée. Il me sembla qu'elle se casserait ou qu'on me la prendrait si je ne la laissais dans ma chambre, et après l'avoir déshabillée et lui avoir fait une toilette de nuit fort recherchée, je la couchai dans mon petit lit et j'arrangeai les couvertures avec beaucoup de soin. Au moment de partir, je courus lui donner un dernier regard, et comme Pierret me promettait de venir lui faire manger la soupe tous les matins, je commençai à tomber dans l'état de doute où sont les enfants sur la réalité de ces sortes d'êtres. État vraiment singulier où la raison naissante, d'une part, et le besoin d'illusion, de l'autre, se combattent dans leur cœur avide d'amour maternel. Je pris les deux mains de ma poupée et je les lui joignis sur la poitrine. Pierret m'observa que c'était l'attitude d'une morte. Alors je lui élevai les mains jointes au-dessus de la tête dans une attitude de désespoir ou d'invocation, à laquelle j'attribuais très-sérieusement une idée superstitieuse. Je pensais que c'était un appel à la bonne fée, et qu'elle serait protégée en restant dans cette posture tout le temps de mon absence. Aussi

Pierret dut me promettre de ne pas la lui faire perdre. Il n'y a rien de plus vrai au monde que cette folle et poétique histoire d'Hoffmann intitulée le *Casse-noisette*. C'est la vie intellectuelle de l'enfant prise sur le fait. J'en aime même cette fin embrouillée qui se perd dans le monde des chimères. L'imagination des enfants est aussi riche et aussi confuse que ces brillants rêves du conteur allemand.

Sauf la pensée de ma poupée qui me poursuivit pendant quelque temps, je ne me rappelle rien du voyage jusqu'aux montagnes des Asturies. Mais je ressens encore l'étonnement et la terreur que me causèrent ces grandes montagnes. Les brusques détours de la route au milieu de cet amphithéâtre dont les cimes fermaient l'horizon m'apportaient à chaque instant une surprise pleine d'angoisses. Il me semblait que nous étions enfermés dans ces montagnes, qu'il n'y avait plus de route et que nous ne pourrions ni continuer ni retourner. J'y vis pour la première fois, sur les marges du chemin, de la vrille en fleur. Ces clochettes roses délicatement rayées de blanc me frappèrent beaucoup. Ma mère m'ouvrait instinctivement et tout naïvement le monde du beau en m'associant dès l'âge le plus tendre à toutes ses impressions. Ainsi, quand il y avait un beau nuage, un grand effet de soleil, une eau claire et courante, elle me faisait arrêter en me disant : Voilà qui est joli, regarde. Et tout aussitôt ces objets, que je n'eusse peut-être pas remarqués de moi-même, me révélaient leur beauté, comme si ma mère avait eu une clef magique pour ouvrir mon esprit au sentiment inculte mais profond qu'elle en avait elle-même. Je me souviens que notre compagne de voyage ne comprenait rien aux naïves admirations que ma mère me faisait partager, et qu'elle disait souvent : « Oh! mon Dieu, madame Dupin, que vous êtes drôle avec votre petite fille! » Et pourtant je ne me rappelle pas que ma mère m'ait jamais fait *une phrase*. Je crois qu'elle en eût été bien empêchée, car c'est à peine si elle savait écrire à cette époque, et elle ne se piquait point d'une vaine et inutile orthographe. Et pourtant elle parlait purement, comme les oiseaux chantent sans avoir appris à chanter. Elle avait la voix douce et la prononciation distinguée. Ses moindres paroles me charmaient ou me persuadaient.

Comme elle était véritablement infirme sous le rapport de la mémoire et n'avait jamais pu enchaîner deux faits dans son esprit, elle s'efforçait de combattre en moi cette infirmité, qui, à bien des égards, a été héréditaire. Aussi me disait-elle à chaque instant : « Il faudra te souvenir de ce que tu vois là, » et chaque fois qu'elle a pris cette précaution, je me suis souvenue en effet. Ainsi, en voyant les liserons en fleur, elle me dit : « Respire-les, cela sent le bon miel ; et ne les oublie pas ! » C'est donc la première révélation de l'odorat que je me rappelle, et par un lien de souvenirs et de sensations que tout le monde connaît, sans pouvoir l'expliquer, je ne respire jamais des fleurs de liseron-vrille sans voir l'endroit des montagnes espagnoles et le bord du chemin où j'en cueillis pour la première fois.

Mais quel était cet endroit? Dieu le sait! Je le reconnaîtrais en le voyant. Je crois que c'était du côté de Pancorbo.

Une autre circonstance que je n'oublierai jamais et qui eût frappé tout autre enfant est celle-ci : nous étions dans un endroit assez aplani, et non loin des habitations. La nuit était claire, mais de gros arbres bordaient la route et y jetaient par moments beaucoup d'obscurité. J'étais sur le siége de la voiture avec le jockey. Le postillon ralentit ses chevaux, se retourna et cria au jockey : *Dites à ces dames de ne pas avoir peur, j'ai de bons chevaux*. Ma mère n'eut pas besoin que cette parole lui fût transmise; elle l'entendit, et s'étant penchée à la portière, elle vit aussi bien que je les voyais trois personnages, deux sur un côté de la route, l'autre en face, à dix pas de nous environ. Ils paraissaient petits et se tenaient immobiles. « Ce sont des voleurs, cria ma mère, postillon, n'avancez pas, retournez, retournez! Je vois leurs fusils. »

Le postillon, qui était Français, se mit à rire, car cette vision de fusils lui prouvait bien que ma mère ne savait guère à quels ennemis nous avions affaire. Il jugea plus prudent de ne pas la détromper, fouetta ses chevaux et passa résolûment au grand trot devant ces trois flegmatiques personnages, qui ne se dérangèrent pas le moins du monde et que je vis distinctement, mais sans pouvoir dire ce que c'était. Ma mère, qui les vit à travers sa frayeur, crut distinguer des chapeaux pointus, et les prit pour une sorte de militaires. Mais quand les chevaux, excités et très-effrayés pour leur compte, eurent fourni une assez longue course, le postillon les mit au pas, et descendit pour venir parler à ses voyageuses. « Eh bien, mesdames, dit-il en riant toujours, avez-vous vu leurs fusils? Ils avaient bien quelque mauvaise idée, car ils se sont tenus debout tout le temps qu'ils nous ont vus. Mais je savais que mes chevaux ne feraient pas de sottise. S'ils nous avaient versés dans cet endroit-là, ce n'eût pas été une bonne affaire pour nous. — Mais enfin, dit ma mère, qu'est-ce que c'était donc? — C'étaient trois grands ours de montagne, sauf votre respect, ma petite dame. »

Ma mère eut plus peur que jamais, elle suppliait le postillon de remonter sur ses chevaux et de nous conduire bride abattue jusqu'au plus prochain gîte ; mais cet homme était apparemment habitué à de telles rencontres, qui seraient sans doute bien rares aujourd'hui en plein printemps sur les voies de grande communication. Il nous dit que ces animaux n'étaient à craindre qu'en cas de chute, et il nous conduisit au relais sans encombre.

Quant à moi, je n'eus aucune peur, j'avais connu plusieurs ours dans mes boîtes de Nuremberg. Je leur avais fait dévorer certains personnages malfaisants de mes romans improvisés, mais ils n'avaient jamais osé attaquer ma bonne princesse, aux aventures de laquelle je m'identifiais certainement sans m'en rendre compte.

On ne s'attend pas sans doute à ce que je mette de l'ordre dans des souvenirs qui datent de si loin. Ils sont très-brisés dans ma mémoire, et ce n'est pas ma mère qui eût pu m'aider par la suite à les enchaîner, car elle se souvenait moins que moi. Je dirai seulement, dans l'ordre où elles me viendront, les principales circonstances qui m'ont frappée.

Ma mère eut une autre frayeur moins bien fondée, dans une auberge qui avait pourtant fort bonne mine. Je me retrace ce gîte parce que j'y remarquai pour la première fois ces jolies nattes de paille nuancées de diverses couleurs, qui remplacent les tapis chez les peuples méridionaux. J'étais bien fatiguée, nous voyagions par une chaleur étouffante, et mon premier mouvement fut de me jeter tout de mon long sur la natte en entrant dans la chambre qui nous était ouverte. Probablement nous avions déjà eu sur cette terre d'Espagne bouleversée par l'insurrection des gîtes moins confortables, car ma mère s'écria : « A la bonne heure! voici des chambres très-propres, et j'espère que nous pourrons dormir. » Mais au bout de quelques instants, étant sortie dans le corridor, elle fit un grand cri et rentra précipitamment. Elle avait vu une large tache de sang sur le plancher, et c'en était assez pour lui faire croire qu'elle était dans un coupe-gorge.

Madame Fontanier (voici que le nom de notre compagne de voyage me revient) se moqua d'elle, mais rien ne put la décider à se coucher qu'elle n'eût examiné furtivement la maison. Ma mère était d'une poltronnerie d'un genre assez particulier. Sa vive imagination lui présentait à chaque instant l'idée de dangers extrêmes; mais en même temps sa nature active et sa présence d'esprit remarquable lui inspiraient le courage de réagir, d'examiner, de voir de près les objets qui l'avaient épouvantée, afin de se soustraire au péril, ce qu'elle eût fait fort adroitement, je n'en doute pas. Enfin elle était de ces femmes qui, en ayant toujours peur de quelque chose parce qu'elles craignent la mort, ne perdent jamais la tête, parce qu'elles ont pour ainsi dire le génie de la conservation.

La voilà donc qui s'arme d'un flambeau et qui veut emmener madame Fontanier à la découverte; celle-ci, qui n'était ni aussi craintive, ni aussi brave, ne s'en souciait guère. Je me sentis alors prise d'un grand instinct de courage qui avait peu de mérite, puisque je n'avais pas compris pourquoi ma mère avait peur : mais enfin, la voyant se lancer toute seule dans une expédition qui faisait reculer sa compagne, je m'attachai résolûment à son jupon, et le jockey, qui était un drôle fort malin, n'ayant peur de quoi que ce soit, et se moquant de toutes gens et de toutes choses, nous suivit avec un autre flambeau. Nous allâmes ainsi à la découverte sur la pointe du pied, pour ne pas éveiller la méfiance des hôtes, que nous entendions rire et causer dans la cuisine. Ma mère nous montra en effet la tache de sang auprès d'une porte où elle colla son oreille, et son imagination était tellement excitée, qu'elle crut entendre des gémissements. « Je suis sûre, dit-elle au jockey, qu'il y a là quelque malheureux soldat français égorgé par ces méchants Espagnols. » Et, d'une main tremblante mais résolue, elle ouvrit la porte et se trouva en présence de trois énormes cadavres..... de porcs fraîchement assassinés pour la provision de la maison et la consommation des voyageurs.

Ma mère se mit à rire et revint se moquer de sa frayeur avec madame Fontanier. Quant à moi, j'eus plus peur de la vue de ces cochons sanglants et ouverts, si vilainement pendus à la muraille, avec leur nez grillé touchant la terre, que de tout ce que j'aurais pu m'imaginer.

CHAPITRE DOUZIÈME. 127

Je ne me fis pourtant pas pour cela une idée nette de la mort, et il me fallut un autre spectacle pour comprendre ce que c'était. J'avais pourtant tué beaucoup de monde dans mes romans entre quatre chaises et dans mes jeux militaires avec Clotilde. Je connaissais le mot et non la chose, j'avais fait la morte moi-même sur le champ de bataille avec mes compagnes amazones, et je n'avais senti aucun déplaisir d'être couchée par terre et de fermer les yeux pendant quelques instants. J'appris tout de bon ce que c'est dans une autre auberge, où l'on m'avait donné un pigeon vivant, sur quatre ou cinq qu'on destinait à notre dîner; car, en Espagne, c'est, avec le porc, le fond de la nourriture des voyageurs, et, en ce temps de guerre et de misère, c'était du luxe que d'en trouver à discrétion. Ce pigeon me causa des transports de joie et de tendresse; je n'avais jamais eu un si beau joujou, et un joujou vivant, quel trésor! Mais il me prouva bientôt qu'un être vivant est un joujou incommode, car il voulait toujours s'enfuir, et aussitôt que je lui laissait la liberté pour un instant, il s'échappait et il me fallait le poursuivre dans toute la chambre. Il était insensible à mes baisers, et j'avais beau l'appeler des plus doux noms, il ne m'entendait pas. Cela me lassa, et je demandai où l'on avait mis les autres pigeons. Le jockey me répondit qu'on était en train de les tuer. « Eh bien, dis-je, je veux qu'on tue aussi le mien. » Ma mère voulut me faire renoncer à cette idée cruelle, mais je m'y obstinai jusqu'à pleurer et à crier, ce qui lui causa une grande surprise. « Il faut, dit-elle à madame Fontanier, que cette enfant ne se fasse aucune idée de ce qu'elle demande. Elle croit que mourir, c'est dormir. » Elle me prit alors par la main, et m'emmena avec mon pigeon dans la cuisine où l'on égorgeait ses frères. Je ne me rappelle pas comment on s'y prenait, mais je vis le mouvement de l'oiseau qui mourait violemment et la convulsion finale. Je poussai des cris déchirants, et, croyant que mon oiseau déjà tant aimé avait subi le même sort, je versais des torrents de larmes. Ma mère, qui l'avait sous son bras, me le montra vivant, et ce fut pour moi une joie extrême. Mais quand on nous servit à dîner les cadavres des autres pigeons, et qu'on me dit que c'était les mêmes êtres que j'avais vus si beaux avec leurs plumes luisantes et leur doux regard, j'eus horreur de cette nourriture et n'y voulus pas toucher.

Plus nous avancions dans notre trajet, plus le spectacle de la guerre devenait terrible. Nous passâmes la nuit dans un village qui avait été brûlé la veille, et où il ne restait dans l'auberge qu'une salle avec un banc et une table. Il n'y avait absolument à manger que des oignons crus, dont je me contentai, mais auxquels ma mère ni sa compagne ne purent se résoudre à toucher. Elles n'osaient pas voyager la nuit. Elles la passèrent sans fermer l'œil, et je dormis sur la table, où elles m'avaient fait un lit vraiment trop bon avec les coussins de la calèche.

Il m'est impossible de dire à quelle époque précise de la guerre d'Espagne nous nous trouvions. Je ne me suis jamais occupée de le savoir à l'époque où mes parents eussent pu mettre de l'ordre dans mes souvenirs, et je n'en ai plus aucun en ce monde qui puisse m'y aider. Je pense que nous étions parties de Paris dans le courant d'avril 1808, et que l'événement terrible du 2 mai éclata à Madrid pendant que nous traversions l'Espagne pour nous y rendre. Mon père était arrivé à Bayonne le 27 février. Il écrivait quelques lignes des environs de Madrid, le 18 mars, à ma mère, et c'est vers cette époque que j'ai dû voir l'empereur à Paris, à son retour de Venise et avant son départ pour Bayonne; car quand je le vis, le soleil baissait et me venait dans les yeux, et nous rentrions chez nous pour dîner. Quand nous quittâmes Paris, il ne faisait pas chaud; mais à peine fûmes-nous en Espagne que la chaleur nous accabla. Si j'avais été à Madrid pendant l'événement du 2 mai, une pareille catastrophe m'eût sans doute vivement frappée, puisque je me rappelle de bien moindres circonstances.

En voici une qui me fixe presque, c'est la rencontre que nous fîmes vers Burgos, ou vers Vittoria, d'une reine qui ne pouvait être que la reine d'Étrurie. Or, l'on sait que le départ de cette princesse fut la première cause du mouvement du 2 mai à Madrid. Nous la rencontrâmes probablement peu de jours après, comme elle se dirigeait sur Bayonne, où le roi Charles IV l'appelait, afin de réunir toute sa famille sous la serre de l'aigle impériale.

Comme cette rencontre me frappa beaucoup, je puis la raconter avec quelques détails. Je ne saurais dire en quel lieu c'était, sinon que c'était dans une sorte de village où nous nous étions arrêtées pour dîner. Il y avait dans l'auberge un relais de poste, et, au fond de la cour, un assez grand jardin où je vis des tournesols qui me rappelèrent ceux de Chaillot. Et pour la première fois je vis recueillir la graine de cette plante, et l'on me dit qu'elle était bonne à manger. Il y avait dans un coin de cette même cour une pie en cage, et cette pie parlait, ce qui fut pour moi un autre sujet d'étonnement. Elle disait en espagnol quelque chose qui signifiait probablement *mort aux Français,* ou peut-être *mort à Godoy.* Je n'entendais distinctement que le premier mot, qu'elle répétait avec affectation et avec un accent vraiment diabolique, *Muera, muera...* Et le jockey de madame Fontanier m'expliquait qu'elle était en colère contre moi et qu'elle me souhaitait la mort. J'étais si étonnée d'entendre parler un oiseau, que mes contes de fées me parurent plus sérieux que je n'avais peut-être cru jusqu'alors. Je ne me rendis pas du tout compte de cette parole mécanique dont le pauvre oiseau ne comprenait pas le sens : puisqu'il parlait, il devait penser et raisonner, selon moi, et j'eus très-peur de cette espèce de génie malfaisant qui frappait du bec les barreaux de sa cage, en répétant toujours : *Muera, muera!*

CHAPITRE TREIZIÈME

La reine d'Étrurie. — Madrid. — Le palais de Godoy. — Le lapin blanc. — Les jouets des Infants. — Le prince Fanfarinet. — Je passe aide de camp de Murat. — Sa maladie. — Le faon de biche. — Weber. — Première solitude. — Les mameluks. — Les *orblutes*. — L'écho. — Naissance de mon frère. — On s'aperçoit qu'il est aveugle. — Nous quittons Madrid.

Mais je fus distraite par un nouvel événement. Une grande voiture, suivie de deux ou trois autres, venait d'entrer dans la cour, et on changeait de chevaux avec une précipitation extraordinaire. Les gens du village essayaient d'entrer dans la cour en criant : *La reina, la reina!* Mais l'hôte et d'autres personnes les repoussaient en disant : « Non, non, ce n'est pas la reine. » On relaya si vite que ma mère, qui était à la fenêtre, n'eut pas le temps de descendre pour s'assurer de ce que c'était. D'ailleurs on ne laissait pas approcher des voitures, et les maîtres de l'hôtellerie paraissaient être dans la confidence, car ils assuraient aux gens du dehors que ce n'était pas la reine, et pourtant une femme de la maison me porta tout auprès de la principale voiture en me disant : « *Voyez la reine!* »

Ce fut pour moi une assez vive émotion, car il y avait toujours des rois et des reines dans mes romans, et je me représentais des êtres d'une beauté, d'un éclat et d'un luxe extraordinaire. Or la pauvre reine que je voyais là était vêtue d'une petite robe blanche très-étriquée, à la mode du temps, et très-jaunie par la poussière. Sa fille, qui me parut avoir huit ou dix ans, était vêtue comme elle, et toutes deux me parurent très-brunes et assez laides, du moins c'est l'impression qui m'en est restée. Elles avaient l'air triste et inquiet. Dans mon souvenir, elles n'avaient ni suite ni escorte. Elles fuyaient plutôt qu'elles ne partaient, et j'entendis ensuite ma mère, qui disait d'un ton d'insouciance : « C'est » encore une reine qui se sauve. » Ces pauvres reines sauvaient en effet leurs personnes, en laissant l'Espagne livrée à l'étranger. Elles allaient à Bayonne chercher auprès de Napoléon une protection qui ne leur manqua point en tant que sécurité matérielle, mais qui fut le sceau de leur déchéance politique. On sait que cette reine d'Étrurie était fille de Charles IV et infante d'Espagne. Elle avait épousé son cousin, le fils du vieux duc de Parme. Napoléon, voulant s'emparer du duché, avait donné en retour aux jeunes époux la Toscane avec le titre de royaume. Ils étaient venus à Paris en 1801 rendre hommage au premier consul, et ils y avaient été reçus avec de grandes fêtes. On sait aussi que la jeune reine, ayant abdiqué au nom de son fils, était revenue à Madrid au commencement de 1804 pour prendre possession du nouveau royaume de Lusitanie, que la victoire devait lui assurer dans le nord du Portugal. Mais tout était désormais remis en question, grâce à l'impuissance politique de Charles IV et au peu de loyauté de cette politique dirigée par le prince de la Paix. Nous allions nous engager dans cette formidable guerre contre la nation espagnole, qui nous arrivait comme par un décret de la fatalité, et qui devait imposer spontanément à Napoléon la nécessité de s'emparer de toutes ces royales personnes, au moment où d'elles-mêmes elles venaient implorer son appui. La reine d'Étrurie et ses enfants suivirent le vieux Charles IV, la reine Marie-Louise et le prince de la Paix à Compiègne.

Lorsque je vis cette reine, elle était déjà sous la protection française. Étrange protection qui l'arrachait à l'amour traditionnel du peuple espagnol, consterné de voir partir ainsi tous les membres de la famille royale, au milieu d'une lutte décisive et terrible avec l'étranger. A Aranjuez, le 17 mars, le peuple, malgré sa haine pour Godoy, avait voulu retenir Charles IV; à Madrid, le 2 mai, il avait voulu retenir l'infant don François de Paule et la reine d'Étrurie. A Vittoria, le 16 avril, il avait voulu retenir Ferdinand. En toutes ces occasions, il avait essayé de dételer les chevaux, et de garder malgré eux ces princes pusillanimes et insensés qui le méconnaissaient et le fuyaient par crainte les uns des autres; mais entraînés par la destinée, ils avaient résisté, les uns aux menaces, les autres aux prières du peuple. Où couraient-ils ainsi? A la captivité de Compiègne et de Valençay.

On pense bien qu'à l'époque où je vis la scène que j'ai rapportée, je ne compris rien à l'incognito effrayé de cette reine fugitive, mais je me suis toujours rappelé sa physionomie sombre, qui semblait trahir à la fois la crainte de rester et la crainte de partir. C'était bien la situation où son père et sa mère avaient dû se trouver à Aranjuez en présence d'un peuple qui ne voulait ni les garder ni les laisser fuir. La nation espagnole était lasse de ses imbéciles souverains; mais, tels qu'ils étaient, elle les préférait à l'homme de génie qui n'était pas Espagnol. Elle semblait avoir pris pour devise, en tant que nation, le mot énergique que Napoléon disait dans un sens plus restreint : « *Qu'il faut laver son linge sale en famille.* »

Nous arrivâmes à Madrid dans le courant de mai; nous avions tant souffert en route que je ne me rappelle rien des derniers jours de notre voyage. Pourtant nous atteignîmes notre but sans catastrophe, ce qui est presque miraculeux; car déjà l'Espagne était soulevée sur plusieurs points, et partout grondait l'orage prêt à éclater. Nous suivions la ligne protégée par les armes françaises, il est vrai; mais nulle part les soldats français eux-mêmes n'étaient en sûreté contre de nouvelles vêpres siciliennes; et ma mère, portant un enfant dans son sein, un autre dans ses bras, n'avait que trop de sujets de crainte.

Elle oublia ses terreurs et ses souffrances en voyant mon père; et quant à moi, la fatigue qui m'accablait se dissipa un instant à l'aspect des magnifiques appartements où nous venions nous installer. C'était dans le palais du prince de la Paix, et j'entrais là véritablement en plein dans la réalisation de mes contes de fées. Murat occupait l'étage inférieur de ce même palais, le plus riche et le plus confortable de Madrid, car il avait protégé les amours de la reine et de son favori, et il y régnait plus de luxe que dans la maison du roi légitime. Notre appartement était situé, je crois, au troisième étage. Il était immense, tout tendu en damas de soie cramoisi. Les corniches, les lits, les fauteuils, les divans, tout était doré et me parut en or massif, toujours comme dans les comtes de fées. Il y avait d'énormes tableaux qui me faisaient un peu peur. Ces grosses têtes qui semblaient sortir du cadre et me suivre des yeux me tourmentaient passablement. Mais j'y fus bientôt habituée. Une autre merveille pour moi fut une glace *psyché*, où je me voyais marcher sur les tapis, et où je ne me reconnus pas d'abord, car je ne m'étais jamais vue ainsi de la tête aux pieds, et je ne me faisais pas une idée de ma taille, qui était même, relativement à mon âge, assez petite. Pourtant je me trouvai si grande que j'en fus effrayée.

Peut-être ce beau palais et ces riches appartements étaient-ils de fort mauvais goût, malgré l'admiration qu'ils me causaient. Ils étaient du moins fort malpropres et remplis d'animaux domestiques, entre autres de lapins, qui couraient et entraient partout sans que personne y fît attention. Ces tranquilles hôtes, les seuls qu'on n'eût point dépossédés, avaient-ils l'habitude d'être admis dans les appartements, ou, profitant de la préoccupation générale, avaient-ils passé de la cuisine au salon? Il y en avait un, blanc comme la neige, avec des yeux de rubis, qui se mit tout de suite à agir très-familièrement avec moi. Il s'était installé dans l'angle de la chambre à coucher, derrière la psyché, et notre intimité s'établit bientôt là sans conteste. Il était pourtant assez maussade, et plusieurs fois il égratigna la figure des personnes qui voulaient le déloger; mais il ne prit jamais d'humeur contre moi, et il dormait sur mes genoux ou sur le bord de ma robe des heures entières pendant que je lui racontais mes plus belles histoires.

J'eus bientôt à ma disposition les plus beaux jouets du monde, des poupées, des moutons, des ménages, des lits, des chevaux, tout cela couvert d'or fin, de franges, de housses et de paillons; c'étaient les joujoux abandonnés par les infants d'Espagne et déjà à moitié cassés par eux. J'achevai assez lestement leur besogne, car ces jouets me parurent grotesques et déplaisants. Ils devaient être cependant d'un prix véritable, car mon père sauvá deux ou trois petits personnages en bois peint, qu'il apporta à ma grand'-mère comme des objets d'art. Elle les conserva quelque temps, et tout le monde les admirait. Mais, après la mort de mon père, je ne sais comment ils retombèrent entre mes mains, et je me rappelle un petit vieillard en haillons qui devait être d'une vérité et d'une expression remarquables, car il me faisait peur. Cette habile représentation d'un pauvre vieux mendiant tout décharné et tendant la main s'était-elle glissée par hasard parmi les brillants hochets des infants d'Espagne? C'est toujours un étrange jouet dans les mains d'un fils de roi que la personnification de la misère, et il y aurait de quoi le faire réfléchir.

D'ailleurs les jouets ne m'occupèrent pas à Madrid comme à Paris. J'avais changé de milieu. Les objets extérieurs m'absorbaient, et même j'y oubliai les contes de fées, tant ma propre existence prit pour moi-même une apparence merveilleuse.

J'avais déjà vu Murat à Paris; j'avais joué avec ses enfants, mais je n'avais gardé de lui aucun souvenir. Probablement je l'avais vu en habit comme tout le monde ; à Madrid, tout doré et empanaché, comme il m'apparut, il me fit une grande impression. On l'appelait le *prince*, et comme dans les drames féeriques et les contes les princes jouent toujours le premier rôle, je crus voir le fameux *prince Fanfarinet*. Je l'appelai même ainsi tout naturellement, sans me douter que je lui adressais une épigramme. Ma mère eut beaucoup de peine à m'empêcher de lui faire entendre ce maudit nom, que je prononçais toujours en l'apercevant dans les galeries du palais. On m'habitua à l'appeler *mon prince* en lui parlant, et il me prit en grande amitié.

Peut-être avait-il exprimé quelque déplaisir de voir un de ses aides de camp lui amener femme et enfants au milieu des terribles circonstances où il se trouvait, et peut-être voulait-on que tout cela prît à ses yeux un aspect militaire. Il est certain que toutes les fois qu'on me présenta devant lui, on me fit endosser l'uniforme. Cet uniforme était une merveille. Il est resté longtemps chez nous après que j'ai été trop grande pour le porter. Ainsi je peux m'en souvenir minutieusement. Il consistait en un dolman de casimir blanc tout galonné et boutonné d'or fin, une pelisse pareille garnie de fourrure noire et jetée sur l'épaule, et un pantalon de casimir amarante avec des ornements et broderies d'or à la hongroise. J'avais aussi les bottes de maroquin rouge à éperons dorés, le sable, le ceinturon de ganses de soie cramoisi à canons et aiguillettes d'or émaillés, la sabretache avec un aigle brodé en perles fines, rien n'y manquait. En me voyant équipée absolument comme mon père, soit qu'il me prit pour un garçon, soit qu'il voulût bien faire semblant de s'y tromper, Murat, sensible à cette petite flatterie de ma mère, me présenta en riant aux personnes qui venaient chez lui, comme son aide de camp, et nous admit dans son intimité.

Elle n'eut pas beaucoup de charmes pour moi, car ce bel uniforme me mettait au supplice. J'avais appris à le très-bien porter, il est vrai, à faire traîner mon petit sabre sur les dalles du palais, à faire flotter ma pelisse sur mon épaule de la manière la plus convenable; mais j'avais chaud sous cette fourrure, j'étais écrasée sous ces galons, et je me trouvais bien heureuse lorsqu'en rentrant chez nous ma mère me remettait le costume espagnol du temps, la robe de soie noire, bordée d'un grand réseau de soie, qui prenait au genou et tombait en franges sur la cheville, et la mantille plate en crêpe noir bordée d'une large bande de velours. Ma mère sous ce costume était d'une beauté surprenante. Jamais Espagnole véritable n'avait eu une peau brune aussi fine, des yeux noirs aussi veloutés, un pied si petit et une taille si cambrée.

Murat tomba malade; on a dit que c'était par

suite de débauches, mais ce n'est point vrai. Il avait une inflammation d'entrailles, comme une grande partie de notre armée d'Espagne, et il souffrait de violentes douleurs, quoiqu'il ne fût point alité. Il se croyait empoisonné et ne subissait pas son mal avec beaucoup de patience, car ses cris faisaient retentir ce triste palais où l'on ne dormait d'ailleurs que d'un œil. Je me souviens d'avoir été réveillée par l'effroi de mon père et de ma mère la première fois qu'il rugit ainsi au milieu de la nuit. Ils pensaient qu'on l'assassinait. Mon père se jeta hors du lit, prit son sabre et courut, presque nu, à l'appartement du prince. J'entendis les cris de ce pauvre héros, si terrible à la guerre, si pusillanime hors du champ de bataille : j'eus grand'peur et je jetai les hauts cris à mon tour. Il paraît que j'avais fini par comprendre ce que c'est que la mort, car je m'écriais en sanglotant : *On tue mon prince Fanfarinet!* Il sut ma douleur et m'en aima davantage. A quelques jours de là, il monta dans notre appartement vers minuit et approcha de mon berceau. Mon père et ma mère étaient avec lui. Ils revenaient d'une partie de chasse et rapportaient un petit faon de biche, que Murat plaça lui-même à côté de moi. Je m'éveillai à demi et vis cette jolie petite tête de faon qui se penchait languissamment contre mon visage. Je jetai mes bras autour de son cou et me rendormis sans pouvoir remercier le prince. Mais le lendemain matin, en m'éveillant, je vis encore Murat auprès de mon lit. Mon père lui avait dit le spectacle qu'offraient l'enfant et la petite bête endormis ensemble, et il avait voulu le voir. En effet, ce pauvre petit animal, qui n'avait peut-être que quelques jours d'existence et que les chiens avaient poursuivi la veille, était tellement vaincu par la fatigue, qu'il s'était arrangé dans mon lit pour dormir comme eût pu le faire un petit chien. Il était couché en rond contre ma poitrine, il avait la tête sur l'oreiller, ses petites jambes étaient repliées comme s'il eût craint de me blesser, et mes deux bras étaient restés enlacés à son cou comme je les y avait mis en me rendormant. Ma mère m'a dit que Murat regrettait en cet instant de ne pouvoir montrer un groupe si naïf à un artiste. Sa voix m'éveilla, mais on n'est pas courtisan à quatre ans, et mes premières caresses furent pour le faon, qui semblait vouloir me les rendre, tant la chaleur de mon petit lit l'avait rassuré et apprivoisé.

Je le gardai quelques jours et je l'aimais passionnément. Mais je crois bien que la privation de sa mère le fit mourir, car un matin je ne le revis plus, et on me dit qu'il s'était sauvé. On me consola en m'assurant qu'il retrouverait sa mère et qu'il serait heureux dans les bois.

Notre séjour à Madrid dura tout au plus deux mois, et pourtant il me parut extrêmement long.

Je n'avais aucun enfant de mon âge pour me distraire et j'étais souvent seule durant une grande partie de la journée. Ma mère était forcée de sortir avec mon père et de me confier à une servante madrilène qu'on lui avait recommandée comme très-sûre, et qui pourtant prenait la clef des champs aussitôt que mes parents étaient dehors. Mon père avait un domestique nommé Weber, qui était bien le meilleur homme du monde, et qui venait souvent me garder à la place de Térésa ; mais ce brave Allemand, qui ne savait presque pas de mots français, me parlait un langage inintelligible, et il sentait si mauvais, que, sans me rendre compte de la cause de mon malaise, je tombais en défaillance quand il me portait dans ses bras. Il n'osait pas trahir le peu de soin que ma bonne prenait de moi, et quant à moi, je ne songeais nullement à m'en plaindre. Je croyais Weber chargé de veiller sur moi, et je n'avais qu'un désir, c'est qu'il restât dans l'antichambre et me laissât seule dans l'appartement. Aussi ma première parole était de lui dire : *Weber, je t'aime bien, va-t'en.* Et Weber, docile comme un Allemand, s'en allait en effet. Quand il vit que je me tenais fort tranquille dans ma solitude, il lui arriva souvent de m'y enfermer et d'aller voir ses chevaux, qui probablement le recevaient mieux que moi. Je connus donc pour la première fois le plaisir, étrange pour un enfant, mais vivement senti par moi, de me trouver seule, et, loin d'en être contrariée ou effrayée, j'avais comme du regret en voyant revenir la voiture de ma mère. Il faut que j'aie été bien impressionnée par mes propres contemplations, car je me les rappelle avec une grande netteté, tandis que j'ai oublié mille circonstances extérieures probablement beaucoup plus intéressantes. Dans celles que j'ai rapportées, les souvenirs de ma mère ont entretenu ma mémoire; mais, dans ce que je vais dire, je ne puis être aidée de personne.

Aussitôt que je me voyais seule dans ce grand appartement que je pouvais parcourir librement, je me mettais devant la psyché, et j'y essayais des poses de théâtre. Puis je prenais mon lapin blanc, et je voulais le contraindre à en faire autant : ou bien je faisais le simulacre de l'offrir en sacrifice aux dieux, sur un tabouret qui me servait d'autel. Je ne sais pas où j'avais vu, soit sur la scène, soit dans une gravure, quelque chose de semblable. Je me drapais dans ma mantille pour faire la prêtresse, et je suivais tous mes mouvement. On pense bien que je n'avais pas le moindre sentiment de coquetterie ; mon plaisir venait de ce que, voyant ma personne et celle du lapin dans la glace, j'arrivais, avec l'émotion du jeu, à me persuader que je jouais une scène à quatre, soit deux petites filles et deux lapins. Alors le lapin et moi nous adressions en pantomime des saluts, des menaces, des prières aux personna-

CHAPITRE TREIZIÈME.

ges de la psyché. Nous dansions le bolero avec eux, car, après les danses du théâtre, les danses espagnoles m'avaient charmée, et j'en singeais les poses et les grâces avec la facilité qu'ont les enfants à imiter ce qu'ils voient faire. Alors j'oubliais complétement que cette figure dansant dans la glace fût la mienne, et j'étais étonnée qu'elle s'arrêtât quand je m'arrêtais.

Quand j'avais assez dansé et mimé ces ballets de ma composition, j'allais rêver sur la terrasse. Cette terrasse, qui s'étendait sur toute la façade du palais, était fort large et fort belle. La balustrade était en marbre blanc, si je ne me trompe pas, et devenait si chaude au soleil que je ne pouvais y toucher. J'étais trop petite pour voir par-dessus, mais dans l'intervalle des balustres je pouvais distinguer tout ce qui se passait sur la place. Dans mes souvenirs cette place est magnifique. Il y avait d'autres palais ou de grandes belles maisons tout autour, mais je n'y vis jamais la population, et je ne crois pas l'avoir aperçue durant tout le temps que je passai à Madrid. Il est probable qu'après l'insurrection du 2 mai on ne laissa plus circuler les habitants autour du palais du général en chef. Je n'y vis donc jamais que des uniformes français et quelque chose de plus beau encore pour mon imagination, les mameluks de la garde, dont un poste occupait l'édifice situé en face de nous. Ces hommes cuivrés, avec leurs turbans et leur riche costume oriental, formaient des groupes que je ne pouvais me lasser de regarder. Ils amenaient boire leurs chevaux à un grand bassin situé au milieu de la place, et c'était un coup d'œil dont, sans m'en rendre compte, je sentais vivement la poésie.

A ma droite, tout un côté de la place était occupé par une église d'une architecture massive, du moins elle se retrace ainsi à ma mémoire, et surmontée d'une croix plantée dans un globe doré. Cette croix et ce globe étincelant au coucher du soleil, se détachant sur un ciel plus bleu que je ne l'avais jamais vu, sont un spectacle que je n'oublierai jamais, et que je contemplais jusqu'à ce que j'eusse dans les yeux ces boules rouges et bleues que par un excellent mot, dérivé du latin, nous appelons, dans notre langage du Berry, les *orblutes* [1]. Ce mot devrait passer dans la langue moderne. Il doit avoir été français, quoique je ne l'aie trouvé dans aucun auteur. Il n'a point d'équivalent, et il exprime parfaitement un phénomène que tout le monde connaît et qui ne s'exprime que par des périphrases inexactes.

Ces *orblutes* m'amusaient beaucoup, et je ne pouvais pas m'en expliquer la cause toute naturelle. Je prenais plaisir à voir flotter devant mes yeux ces brûlantes couleurs qui s'attachaient à tous les objets,

[1] Pour que le mot fût bon, il faudrait changer une lettre et dire *orbluces*.

et qui persistaient lorsque je fermais les yeux. Quand l'*orblute* est bien complète, elle vous représente exactement la forme de l'objet qui l'a causée ; c'est une sorte de mirage. Je voyais donc le globe et la croix de feu se dessiner partout où se portaient mes regards, et je m'étonne d'avoir tant répété impunément ce jeu assez dangereux pour les yeux d'un enfant. Mais je découvris bientôt sur la terrasse un autre phénomène, dont jusque-là je n'avais eu aucune idée. La place était souvent déserte, et, même en plein jour, un morne silence régnait dans le palais et aux environs. Un jour, ce silence m'effraya, et j'appelai Weber que je vis passer sur la place. Weber ne m'entendit pas, mais une voix toute semblable à la mienne répéta le nom de Weber à l'extrémité du balcon.

Cette voix me rassura, je n'étais plus seule ; mais, curieuse de savoir qui s'amusait à me contrefaire, je rentrai dans l'appartement, croyant y trouver quelqu'un. J'y étais absolument seule comme à l'ordinaire. Je revins sur la terrasse, et j'appelai ma mère ; la voix répéta le mot d'une voix très-douce, mais très-nette, et cela me donna beaucoup à penser. Je grossis ma voix, j'appelai mon propre nom, qui me fut rendu aussitôt, mais plus confusément. Je le répétai sur un ton plus faible, et la voix revint faible, mais bien plus distincte, et comme si l'on me parlait à l'oreille. Je n'y comprenais rien, j'étais persuadée que quelqu'un était avec moi sur la terrasse ; mais ne voyant personne, et regardant vainement à toutes les fenêtres qui étaient fermées, j'étudiai ce prodige avec un plaisir extrême. L'impression la plus étrange pour moi était d'entendre mon propre nom répété avec ma propre voix. Alors il me vint à l'esprit une explication bizarre. C'est que j'étais double, et qu'il y avait autour de moi un autre *moi* que je ne pouvais pas voir, mais qui me voyait toujours, puisqu'il me répondait toujours. Cela s'arrangea aussitôt dans ma cervelle comme une chose qui devait être, qui avait toujours été, et dont je ne m'étais pas encore aperçue ; je comparai ce phénomène à celui de mes *orblutes*, qui m'avait d'abord étonnée tout autant, et auquel je m'étais habituée sans le comprendre. J'en conclus que toutes choses et toutes gens avaient leur reflet, leur double, leur autre *moi*, et je souhaitai vivement de voir le mien. Je l'appelai cent fois, je lui disais toujours de venir auprès de moi. Il répondait : *Viens là, viens donc*, et il me semblait s'éloigner ou se rapprocher quand je changeais de place. Je le cherchai et l'appelai dans l'appartement, il ne me répondit plus ; j'allai à l'autre bout de la terrasse, il fut muet ; je revins vers le milieu, et, depuis ce milieu jusqu'à l'extrémité du côté de l'église, il me parla et répondit à mon *Viens donc* par un *Viens donc* tendre et inquiet. Mon autre moi se tenait donc

CHAPITRE TREIZIÈME.

dans un certain endroit de l'air ou de la muraille, mais comment l'atteindre et comment le voir? Je devenais folle sans m'en douter.

Je fus interrompue par l'arrivée de ma mère, et je ne saurais dire pourquoi, loin de la questionner, je lui cachai ce qui m'agitait si fort. Il faut croire que les enfants aiment le mystère de leurs rêveries, et il est certain que je n'avais jamais voulu demander l'explication de mes *orblutes*. Je voulais découvrir le problème toute seule, ou peut-être bien avais-je été déçue de quelque autre illusion par des explications qui m'en avaient ôté le charme secret. Je gardai le silence sur ce nouveau prodige, et pendant plusieurs jours, oubliant les ballets, je laissai mon pauvre lapin dormir tranquille, et la psyché répéter l'image immobile des grands personnages représentés dans les tableaux. J'avais la patience d'attendre que je fusse seule pour recommencer mon expérience ; mais enfin ma mère étant rentrée sans que j'y fisse attention, et m'entendant m'égosiller, vint surprendre le secret de mon amour pour le grand soleil de la terrasse. Il n'y avait plus à reculer ; je lui demandai où était le quelqu'un qui répétait toutes mes paroles, et elle me dit : *C'est l'écho.*

Bien heureusement pour moi, elle ne m'expliqua pas ce que c'était que l'écho. Elle n'avait peut-être jamais songé à s'en rendre compte ; elle me dit que c'était une *voix qui était dans l'air,* et l'inconnu garda pour moi sa poésie. Pendant plusieurs autres jours, je pus continuer à jeter mes paroles au vent. Cette voix de l'air ne m'étonnait plus, mais me charmait encore ; j'étais satisfaite de pouvoir lui donner un nom, et de lui crier : Écho, es-tu là ? M'entends-tu ? Bonjour, écho !

Tandis que la vie de l'imagination est si développée chez les enfants, la vie du sentiment est-elle plus tardive ? Je ne me souviens pas d'avoir songé à ma sœur, à ma bonne tante, à Pierret ou à ma chère Clotilde durant mon séjour à Madrid. J'étais pourtant déjà capable d'aimer, puisque j'avais déjà une si vive tendresse pour certaines poupées et pour certains animaux. Je crois que l'indifférence avec laquelle les enfants quittent les personnes qui leur sont chères tient à l'impossibilité où ils sont d'apprécier la durée du temps. Quand on leur parle d'un an d'absence, ils ne savent pas si un an est beaucoup plus long qu'un jour, et on leur établirait inutilement la différence par des chiffres. Je crois que les chiffres ne disent rien du tout à leur esprit. Lorsque ma mère me parlait de ma sœur, il me semblait que je l'avais quittée la veille, et pourtant le temps me semblait long. Il y a dans le défaut d'équilibre des facultés de l'enfant mille contradictions qu'il nous est difficile d'expliquer après que l'équilibre est établi.

Je crois que la vie du sentiment ne se révéla en

moi qu'au moment où ma mère accoucha à Madrid. On m'avait bien annoncé l'arrivée prochaine d'un petit frère ou d'une petite sœur, et depuis plusieurs jours je voyais ma mère étendue sur une chaise longue. Un jour on m'envoya jouer sur la terrasse, et on ferma les portes vitrées de l'appartement ; je n'entendis pas la moindre plainte ; ma mère supportait très-courageusement le mal physique et mettait ses enfants au monde très-promptement ; pourtant cette fois elle souffrit plusieurs heures, mais on ne m'éloigna d'elle que peu d'instants, après lesquels mon père m'appela et me montra un petit enfant. J'y fis à peine attention. Ma mère était étendue sur un canapé, elle avait la figure si pâle et les traits tellement contractés, que j'hésitai à la reconnaître. Puis, je fus prise d'un grand effroi et je courus l'embrasser en pleurant. Je voulais qu'elle me parlât, qu'elle répondit à mes caresses, et comme on m'éloignait encore pour lui laisser du repos, je me désolai longtemps, croyant qu'elle allait mourir et qu'on voulait me le cacher. Je retournai pleurer sur la terrasse, et on ne put m'intéresser au nouveau-né. Ce pauvre petit garçon avait des yeux d'un bleu clair fort singulier. Au bout de quelques jours, ma mère se tourmenta de la pâleur de ses prunelles, et j'entendis souvent mon père et d'autres personnes prononcer avec anxiété le mot *cristallin*. Enfin au bout d'une quinzaine, il n'y avait plus à en douter, l'enfant était aveugle. On ne voulut pas le dire à ma mère positivement. On la laissa dans une sorte de doute. On émettait timidement devant elle l'espérance que ce cristallin se reformerait dans l'œil de l'enfant. Elle se laissa consoler, et le pauvre infirme fut aimé et choyé avec autant de joie que si son existence, n'eût pas été un malheur pour lui et pour les siens. Ma mère le nourrissait, et il n'avait guère que deux semaines lorsqu'il fallut se remettre en route pour la France à travers l'Espagne en feu.

CHAPITRE QUATORZIÈME

Dernière lettre de mon père. — Souvenirs d'un bombardement et d'un champ de bataille. — Misère et maladie. — La soupe à la chandelle. — Embarquement et naufrage. — *Leopardo*. — Arrivée à Nohant. — Ma grand'mère. — Hippolyte. — Deschartres. — Mort de mon frère. — Le vieux poirier. — Mort de mon père. — Le revenant. — Ursule. — Une affaire d'honneur. — Première notion de la richesse et de la pauvreté. — Portrait de ma mère.

LETTRE

DE MON PÈRE A SA MÈRE.

Madrid, 12 juin 1808.

Après de longues souffrances, Sophie est accouchée ce matin d'un gros garçon qui siffle comme un perroquet. La mère et l'enfant se portent à merveille. Avant la fin du mois le prince part pour la France, le médecin de l'empereur, qui a soigné Sophie, dit qu'elle sera en état de voyager dans douze jours avec son enfant. Aurore se porte très-bien. J'emballerai le tout dans une calèche que je viens d'acquérir à cet effet, et nous prendrons la route de Nohant, où je compte bien arriver vers le 20 juillet, *par la fraîcheur,* et rester le plus longtemps possible. Cette idée, ma bonne mère, me comble de joie. Je me nourris de l'espoir assuré de notre réunion, du charme de notre intérieur, sans affaires, sans inquiétudes, sans distractions pénibles! Il y a si longtemps que je désire ce bonheur complet!

Le prince m'a dit hier qu'il allait passer quelque temps à Baréges avant que d'aller à sa destination. De mon côté j'allongerai ma courroie jusque vers les eaux de Nohant, auxquelles nous ferons subir préalablement le miracle des noces de Cana. Je crois que Deschartres se chargera volontiers du prodige.

Je réserve le baptême de mon nouveau-né pour les fêtes de Nohant. Belle occasion pour sonner les cloches et faire danser le village! Le maire inscrira mon fils au nombre des Français, car je ne veux point qu'il ait jamais rien à démêler avec les notaires et les prêtres castillans.

Je ne conçois pas que mes deux dernières lettres aient été interceptées. Elles étaient d'une bêtise à leur faire trouver grâce devant la police la plus rigide. Je te faisais la description d'un sabre africain dont j'ai fait l'acquisition. Il y avait deux pages d'explications et de citations. Tu verras cette merveille, ainsi que l'indomptable *Leopardo d'Andalousie,* que je prierai Deschartres d'équiter un peu, après avoir toutefois frappé d'avance une réquisition sur tous les matelas de sa commune pour garnir le manége qu'il aura choisi. Adieu, ma bonne mère, je te manderai le jour de mon départ et celui de mon arrivée. J'espère que ce sera plus tôt encore que je ne te le dis. Sophie partage vivement mon impatience de t'embrasser. Aurore veut partir à l'instant même, et s'il était possible nous serions déjà en route.

———

Cette lettre si gaie, si pleine de contentement et d'espérance, est la dernière que ma grand'mère ait reçue de son fils. On verra bientôt à quelle épouvantable catastrophe allaient aboutir tous ces projets de bonheur, et combien peu de jours étaient comptés à mon pauvre père pour savourer cette réunion tant rêvée et si chèrement achetée des objets de son affection. On comprendra, par la nature de cette catastrophe, ce qu'il y a de fatal et d'effrayant dans les plaisanteries de cette lettre à propos de l'*indomptable Leopardo d'Andalousie*.

C'était Ferdinand VII, le prince des Asturies, alors plein de prévenances pour Murat et ses officiers, qui avait fait don de ce terrible cheval à mon père, à la suite d'une mission que celui-ci avait remplie, je crois, près de lui à Aranjuez. Ce fut un présent funeste et dont ma mère, par une sorte de fatalisme ou de pressentiment, se méfiait et s'effrayait sans pouvoir décider mon père à s'en défaire au plus vite, bien qu'il avouât que c'était le seul cheval qu'il ne pût monter sans une sorte d'émotion. C'était pour lui une raison de plus pour vouloir s'en rendre maître, et il trouvait du plaisir à le vaincre, Pourtant il lui arriva un jour de dire : « Je ne le crains pas, mais je le monte mal, parce que je m'en méfie, et il le sent. »

Ma mère prétendait que Ferdinand le lui avait donné avec l'espérance qu'il le tuerait. Elle prétendait aussi que, par haine contre les Français, le chirurgien de Madrid qui l'avait accouchée avait crevé les yeux de son enfant. Elle s'imaginait avoir vu, dans l'accablement qui suivit le paroxysme de sa souffrance, ce chirurgien appuyer ses deux pouces sur les deux yeux du nouveau-né, et qu'il avait dit entre ses dents : *Celui-là ne verra pas le soleil de l'Espagne.*

Il est possible que ce fût une hallucination de ma pauvre mère, et pourtant, au point ou en étaient les choses à cette époque, il est également possible que le fait se soit accompli, comme elle avait cru le voir, dans un moment rapide où le chirurgien se serait trouvé seul dans l'appartement avec elle, et comptant sans doute qu'elle était hors d'état de le voir et de l'entendre; mais on pense bien que je ne prends pas sur moi la responsabilité de cette terrible accusation.

CHAPITRE QUATORZIÈME.

On a vu dans la lettre de mon père qu'il ne s'aperçut pas d'abord de la cécité de cet enfant, et j'ai souvenance d'avoir entendu Deschartres la constater à Nohant hors de sa présence et de celle de ma mère. On redoutait encore alors de leur enlever un faible et dernier espoir de guérison.

Ce fut dans la première quinzaine de juillet que nous partîmes. Murat allait prendre possession du trône de Naples. Mon père avait un congé. J'ignore s'il accompagna Murat jusqu'à la frontière et si nous voyageâmes avec lui. Je me souviens que nous étions en calèche et je crois que nous suivions les équipages de Murat, mais je n'ai aucun souvenir de mon père jusqu'à Bayonne.

Ce que je me rappelle le mieux, c'est l'état de souffrance, de soif, de dévorante chaleur et de fièvre où je fus tout le temps de ce voyage. Nous avancions très-lentement à travers les colonnes de l'armée. Il me revient maintenant que mon père devait être avec nous, parce que, comme nous suivions un chemin assez étroit dans des montagnes, nous vîmes un énorme serpent qui la traversait presque en entier d'une ligne noire. Mon père fit arrêter, courut en avant et le coupa en deux avec son sabre. Ma mère avait voulu en vain le retenir, elle avait peur, selon son habitude.

Pourtant une autre circonstance me fait penser qu'il n'était avec nous que par intervalles, et qu'il rejoignait Murat de temps en temps. Cette circonstance est assez frappante pour s'être gravée dans ma mémoire ; mais comme la fièvre me tenait dans un assoupissement presque continuel, ce souvenir est isolé de tout ce qui pourrait me faire préciser l'événement dont je fus témoin. Étant un soir à une fenêtre avec ma mère, nous vîmes le ciel, encore éclairé par le soleil couchant, traversé de feux croisés, et ma mère me dit : « Tiens, regarde, c'est une bataille, et ton père y est peut-être. »

Je ne me faisais point d'idée de ce que c'était qu'une bataille véritable. Ce que je voyais me représentait un immense feu d'artifice, quelque chose de riant et de triomphal, une fête ou un tournoi. Le bruit du canon et ces grandes courbes de feu me réjouissaient. J'assistais à cela comme à un spectacle, en mangeant une pomme verte. Je ne sais à qui ma mère dit alors : « Que les enfants sont heureux de ne rien comprendre ! » Comme je ne sais pas quelle route les opérations de la guerre nous forcèrent de suivre, je ne saurais dire si cette bataille fut celle de Medina del Rio-Seco, ou un épisode moins important de la belle campagne de Bessières. Mon père, attaché à la personne de Murat, n'avait point affaire sur ce champ de bataille, et il n'est pas probable qu'il y fut. Mais ma mère s'imaginait sans doute qu'il pouvait avoir été envoyé en mission.

Que ce fût l'affaire de Rio-Seco, ou la prise de

Torquemada, il est certain que notre voiture avait été mise en réquisition pour porter des blessés ou des personnes plus précieuses que nous, et que nous fîmes un bout de chemin en charrette avec des bagages, des vivandières et des soldats malades. Il est certain aussi que nous longeâmes le champ de bataille le lendemain ou le surlendemain, et que je vis une vaste plaine couverte de débris informes assez semblables, en grand, au carnage de poupées, de chevaux et de chariots que j'exécutais avec Clotilde à Chaillot et dans la maison de la rue Grange-Batelière. Ma mère se cachait le visage et l'air était infecté. Nous ne passions pas assez près de ces objets sinistres pour que je pusse me rendre compte de ce que c'était, et je demandais pourquoi on avait semé là tant de chiffons. Enfin la roue heurta quelque chose qui se brisa avec un craquement étrange. Ma mère me retint au fond de la charette pour m'empêcher de regarder, c'était un cadavre. J'en vis ensuite plusieurs autres épars sur le chemin, mais j'étais si malade, que je ne me souviens pas d'avoir été vivement impressionnée par ces horribles spectacles.

Avec la fièvre, j'éprouvai bientôt une autre souffrance qui ne se concilie pas souvent avec le désordre de la vie, et dont pourtant tous les soldats malades avec lesquels nous voyagions éprouvaient aussi les angoisses : c'était la faim, une faim excessive, maladive, presque animale. Ces pauvres gens, pleins de soins et de sollicitude pour nous, m'avaient communiqué un mal qui explique ce phénomène, et qu'une petite-maîtresse n'avouerait pas avoir subi même dans son enfance. Mais la vie a ses vicissitudes, et quand ma mère se désolait de voir mon petit frère et moi dans cet état, les soldats et les cantinières lui disaient en riant : « Bah ! ma petite dame, ce n'est rien, c'est un brevet de santé pour toute la vie de vos enfants ; c'est le véritable baptême des *enfants de la giberne.* »

La gale, puisqu'il faut l'appeler par son nom, avait commencé par moi, elle se communiqua à mon frère, puis à ma mère plus tard, et à d'autres personnes auxquelles nous apportâmes ce triste fruit de la guerre et de la misère, heureusement affaibli en nous par des soins extrêmes et un sang pur.

En quelques jours, notre sort avait bien changé. Ce n'était plus le palais de Madrid, les lits dorés, les tapis d'Orient et les courtines de soie ; c'étaient des charrettes immondes, des villages incendiés, des villes bombardées, des routes couvertes de morts, des fossés où nous cherchions une goutte d'eau pour étancher une soif brûlante, et où l'on voyait tout à coup surnager des caillots de sang. C'était surtout l'horrible faim et une disette de plus en plus menaçante. Ma mère supportait tout cela avec un grand courage, mais elle ne pouvait vaincre le dégoût que lui inspiraient les oignons crus, les citrons verts et la graine de tournesol, dont je me contentais sans répugnance : quelle nourriture d'ailleurs pour une femme qui allaitait son nouveau-né !

Nous traversâmes un camp français, je ne sais où, et, à l'entrée d'une tente, nous vîmes un groupe de soldats qui mangeaient la soupe avec un grand appétit ; ma mère me poussa au milieu d'eux en les priant de me laisser manger à leur gamelle. Ces braves gens me mirent aussitôt à même et me firent manger à discrétion en souriant d'un air attendri. Cette soupe me parut excellente, et quand elle fut à moitié dégustée, un soldat dit à ma mère avec quelque hésitation : « Nous vous engagerions bien à en manger aussi, mais vous ne pourriez peut-être pas, parce que le goût est un peu fort. » Ma mère approcha et regarda la gamelle. Il y avait du pain et du bouillon très-gras, mais certaines mèches noircies surnageaient, c'était une soupe faite avec des bouts de chandelle.

Je me souviens de Burgos et d'une ville (celle-là ou une autre) où les aventures du *Cid* était peintes à fresque sur les murailles. Je me souviens aussi d'une superbe cathédrale où les hommes du peuple avaient un genou en terre pour prier, le chapeau sur l'autre genou, et un petit paillasson rond sous celui qui touchait le sol. Enfin je me souviens de Victoria et d'une servante dont les longs cheveux noirs inondés de vermine flottaient sur son dos. J'eus un ou deux jours de bien-être à la frontière d'Espagne, le temps était rafraîchi, la fièvre et la misère avaient cessé. Mon père était décidément avec nous. Nous avions repris possession de notre calèche pour faire le reste du voyage, les auberges étaient propres, il y avait des lits et toutes sortes d'aliments dont nous avions apparemment été privés assez longtemps, car ils me parurent tout nouveaux, entre autres des gâteaux et des fromages. Ma mère me fit une toilette à Fontarabie, et j'éprouvai un soulagement extrême à prendre un bain. Elle me soignait à sa manière, et, au sortir du bain, elle m'enduisait de soufre de la tête aux pieds, puis elle me faisait avaler des boulettes de soufre pulvérisé dans du beurre et du sucre. Ce goût et cette odeur dont je fus imprégnée pendant deux mois m'ont laissé une grande répugnance pour tout ce qui me les rappelle.

Nous trouvâmes apparemment des personnes de connaissance à la frontière, car je me rappelle un grand dîner et des politesses qui m'ennuyèrent beaucoup ; j'avais retrouvé mes facultés et mon appréciation des objets extérieurs. Je ne sais quelle idée eut ma mère de vouloir retourner par mer à Bordeaux. Peut-être était-elle brisée par la fatigue des voitures, peut-être s'imaginait-elle, dans son instinct médical, qu'elle suivait toujours, que l'air de la mer délivrerait ses enfants et elle-même du poison de la pauvre Espagne. Apparemment le temps était beau et l'Océan tranquille, car c'était une nouvelle imprudence que de se risquer en chaloupe sur les côtes de Gascogne, dans ce golfe de Biscaye toujours si agité. Quel que fût le motif, une chaloupe pontée fut louée, la calèche y fut descendue, et nous partîmes comme pour une partie de plaisir. Je ne sais où nous nous embarquâmes ni quelles gens nous accompagnèrent jusqu'au rivage en nous prodiguant de grands soins. On m'y donna un gros bouquet de roses, que je gardai tout le temps de la traversée pour me préserver de l'odeur du soufre.

Je ne sais combien de temps nous côtoyâmes le rivage ; je retombai dans mon sommeil léthargique, et cette traversée ne m'a laissé d'autres souvenirs que ceux du départ et de l'arrivée. Au moment où nous approchions de notre but, un coup de vent nous éloigna du rivage, et je vis le pilote et ses deux aides livrés à une grande anxiété. Ma mère recommença à avoir peur, mon père se mit à la manœuvre : mais, comme nous étions enfin entrés dans la Gironde, nous heurtâmes je ne sais quel récif, et l'eau commença à entrer dans la cale. On se dirigea précipitamment vers la rive, mais la cale se remplissait toujours et la chaloupe sombrait visiblement. Ma mère, prenant ses enfants avec elle, était entrée dans la calèche ; mon père la rassurait en lui disant que nous avions le temps d'aborder avant d'être engloutis. Pourtant le pont commençait à se mouiller, et il ôta son habit et prépara un châle pour attacher ses deux enfants sur son dos : « Sois tranquille, disait-il à ma mère, je te prendrai sous mon bras, je nagerai de l'autre, et je vous sauverai tous trois, sois-en sûre. »

Nous touchâmes enfin la terre, ou plutôt un grand mur en pierres sèches surmonté d'un hangar. Il y avait derrière ce hangar quelques habitations, et à l'instant même plusieurs hommes vinrent à notre secours. Il était temps, la calèche sombrait aussi avec la chaloupe, et une échelle nous fut jetée fort à propos. Je ne sais ce qu'on fit pour sauver l'embarcation, mais il est certain qu'on en vint à bout. Cela dura plusieurs heures, pendant lesquelles ma mère ne voulut pas quitter le rivage ; car mon père, après nous avoir mises en sûreté, était redescendu sur la chaloupe pour sauver nos effets d'abord, et puis la voiture, et enfin la chaloupe. Je fus frappée alors de son courage, de sa promptitude et de sa force. Quelque expérimentés que fussent les matelots et les gens de l'endroit, ils admiraient l'adresse et la résolution de ce jeune officier qui, après avoir sauvé sa famille, ne voulait pas abandonner son patron avant d'avoir sauvé sa barque, et qui dirigeait tout ce petit sauvetage avec plus d'à-propos qu'eux-mêmes. Il est vrai qu'il avait fait son apprentissage au camp de Boulogne ; mais en toutes choses il agissait de sang-froid et avec une rare présence d'esprit. Il se servait de son sabre comme d'une hache ou d'un rasoir pour couper et tailler, et il avait pour ce sabre (probablement c'était le sabre africain dont il parle dans sa dernière lettre) un amour extraordinaire; car, dans le premier moment d'incertitude où nous nous étions trouvés, en abordant, pour savoir si la chaloupe et la calèche sombreraient immédiatement ou si nous aurions le temps de sauver quelque chose, ma mère avait voulu l'empêcher d'y redescendre en lui disant : « Eh! laisse aller tout ce que nous avons au fond de l'eau, plutôt que de risquer de te noyer; » et il lui avait répondu : « J'aimerais mieux risquer cela que d'abandonner mon sabre. » C'était en effet le premier objet qu'il eût retiré. Ma mère se tenait pour satisfaite d'avoir sa fille à ses côtés et son fils dans ses bras. Pour moi, j'avais sauvé mon bouquet de roses flétries avec le même amour que mon père avait mis à nous sauver tous. J'avais fait grande attention à ne pas le lâcher en sortant de la calèche à demi submergée, et en grimpant à l'échelle de sauvetage; c'était mon idée comme celle de mon père était pour son sabre.

Je ne me souviens pas d'avoir éprouvé la moindre frayeur dans toutes ces rencontres. La peur est de deux sortes. Il y en a une qui tient au tempérament, une autre à l'imagination. Je ne connus jamais la première, mon organisation m'ayant douée d'un sang-froid tout semblable à celui de mon père. Ce mot de *sang froid* exprime positivement la tranquillité que nous tenons d'une disposition physique et dont par conséquent nous n'avons pas à tirer vanité. Quant à la frayeur qui résulte d'une excitation maladive de l'imagination, et qui n'a pour aliments que des fantômes, j'en fus obsédée pendant toute mon enfance. Mais quand l'âge et la raison eurent dissipé ces chimères, je retrouvai l'équilibre de mes facultés et ne connus jamais aucun genre de peur.

Nous arrivâmes à Nohant dans les derniers jours d'août. J'étais retombée dans ma fièvre, je n'avais plus faim. La gale faisait des progrès, une petite bonne espagnole que nous avions prise en route, et qui s'appelait Cécilia, commençait aussi à ressentir les effets de la contagion, et ne me touchait qu'avec répugnance. Ma mère était à peu près guérie déjà, mais mon pauvre petit frère, dont les boutons ne paraissaient plus, était encore plus malade et plus accablé que moi. Nous étions deux masses inertes, brûlantes, et je n'avais pas plus conscience que lui de ce qui c'était passé autour de moi depuis le naufrage dans la Gironde.

Je repris mes sens en entrant dans la cour de Nohant. Ce n'était pas aussi beau, à coup sûr, que le palais de Madrid, mais cela me fit le même effet, tant une grande maison est imposante pour les enfants élevés dans de petites chambres.

Ce n'était pas la première fois que je voyais ma grand'mère, mais je ne me souviens pas d'elle avant ce jour-là. Elle me parut très-grande, quoiqu'elle n'eût que cinq pieds, et sa figure blanche et rosée, son air imposant, son invariable costume composé d'une robe de soie brune à taille longue et à manches plates, qu'elle n'avait pas voulu modifier selon les exigences de la mode de l'empire, sa perruque blonde et crêpée en touffe sur le front, son petit bonnet rond avec une cocarde de dentelle au milieu, firent d'elle pour moi un être à part et qui ne ressemblait en rien à ce que j'avais vu.

C'était la première fois que nous étions reçues à Nohant, ma mère et moi. Après que ma grand'mère eut embrassé mon père, elle voulut embrasser ma mère aussi ; mais celle-ci l'en empêcha en lui disant : « Ah ! ma chère maman, ne touchez ni à moi ni à ces pauvres enfants. Vous ne savez pas quelles misères nous avons subies, nous sommes tous malades. »

Mon père, qui était toujours optimiste, se mit à rire, et me mettant dans les bras de ma grand'mère : « Figure-toi, lui dit-il, que ces enfants ont une petite éruption de boutons, et que Sophie, qui a l'imagination très-frappée, s'imagine qu'ils ont la gale.

— Gale ou non, dit ma grand'mère en me serrant contre son cœur, je me charge de celui-là. Je vois bien que ces enfants sont malades, ils ont la fièvre très-fort tous les deux. Ma fille, allez vite vous reposer avec votre fils, car vous avez fait là une campagne au-dessus des forces humaines ; moi, je soignerai la petite. C'est trop de deux enfants sur les bras dans l'état où vous êtes. »

Elle m'emporta dans sa chambre, et sans aucun dégoût de l'état horrible où j'étais, cette excellente femme, si délicate et si recherchée pourtant, me déposa sur son lit. Ce lit et cette chambre, encore frais à cette époque, me firent l'effet d'un paradis. Les murs étaient tendus de toile de Perse à grands ramages ; tous les meubles étaient du temps de Louis XV. Le lit, en forme de corbillard avec de grands panaches aux quatre coins, avait de doubles rideaux et une quantité de lambrequins découpés, d'oreillers et de garnitures dont le luxe et la finesse m'étonnèrent. Je n'osais m'installer dans un si bel endroit, car je me rendais compte du dégoût que je devais inspirer, et j'en avais déjà ressenti l'humiliation. Mais on me la fit vite oublier par les soins et les caresses dont je fus l'objet. La première figure que je vis après celle de ma grand'mère, fut un gros garçon de neuf ans qui entra avec un énorme bouquet de fleurs, et qui vint me le jeter à la figure d'un air amical et enjoué. Ma grand'mère me dit : « *C'est Hippolyte*, embrassez-vous, mes enfants. » Nous nous embrassâmes sans en demander davan-

CHAPITRE QUATORZIÈME.

tage, et je passai bien des années avec lui sans savoir qu'il était mon frère ; c'était l'enfant de la petite maison.

Mon père le prit par le bras et le conduisit à ma mère, qui l'embrassa, le trouva superbe, et lui dit : « Eh bien, il est à moi aussi, comme Caroline est à toi. » Et nous fûmes élevés ensemble, tantôt sous ses yeux, tantôt sous ceux de ma grand'mère.

Deschartres m'apparut aussi ce jour-là pour la première fois. Il avait des culottes courtes, des bas blancs, des guêtres de nankin, un habit noisette très-long et très-carré et une casquette à soufflet. Il vint gravement m'examiner, et comme il était très-bon médecin, il fallut bien le croire quand il déclara que j'avais la gale. Mais la maladie avait perdu son intensité, et ma fièvre ne venait que d'un excès de fatigue. Il recommanda à mes parents de nier cette gale que nous apportions, afin de ne pas jeter l'effroi et la consternation dans la maison. Il déclara devant les domestiques que c'était une petite éruption fort innocente, et elle ne se communiqua qu'à deux autres enfants, qui, surveillés et soignés à temps, furent promptement guéris, sans savoir de quel mal.

Pour moi, au bout de deux heures de repos dans le lit de ma grand'mère, dans cette chambre fraîche et aérée où je n'entendais plus l'agaçant bourdonnement des moustiques de l'Espagne, je me sentis si bien que j'allai courir dans le jardin avec Hippolyte. Je me souviens qu'il me tenait par la main avec une sollicitude extrême, croyant qu'à chaque pas j'allais tomber; j'étais un peu humiliée qu'il me crût si petite fille, et je lui montrai bientôt que j'étais un garçon très-résolu. Cela le mit à l'aise, et il m'initia à plusieurs jeux fort agréables, entre autres à celui de faire ce qu'il appelait des pâtés à la crotte. Nous prenions du sable fin ou du terreau, que nous trempions dans l'eau et que nous dressions, après l'avoir bien pétri sur de grandes ardoises en lui donnant la forme de gâteaux. Ensuite il portait tout cela furtivement dans le four, et comme il était fort taquin déjà, il se réjouissait de la colère des servantes qui, en venant retirer le pain et les galettes, juraient et jetaient dehors nos étranges ragoûts cuits à point.

Je n'avais jamais été malicieuse, car, de ma nature, je ne suis point fine. Fantasque et impérieuse, parce que j'étais fort gâtée par mon père, je n'avais de préméditation et de dissimulation en rien. Hippolyte vit bientôt mon faible, et pour me punir de mes caprices et de mes colères, il se mit à me taquiner cruellement. Il me dérobait mes poupées et les enterrait dans le jardin, puis il y mettait une petite croix et me les faisait déterrer. Il les pendait aux branches la tête en bas, et leur faisait endurer mille supplices que j'avais la simplicité de prendre au sé-

CHAPITRE QUATORZIÈME.

sérieux et qui me faisaient répandre de véritables larmes. Aussi j'avoue que je le détestais fort souvent; mais je n'ai jamais été capable de rancune, et quand il venait me chercher pour jouer, je ne savais pas lui résister.

Ce grand jardin et ce bon air de Nohant m'eurent bientôt rendu la santé. Ma mère me bourrait toujours de soufre, et je me soumettais à ce traitement parce qu'elle avait sur moi un ascendant de persuasion complet. Pourtant ce soufre m'était odieux, et je lui disais de me fermer les yeux et de me pincer le nez pour me le faire avaler. Pour me débarrasser ensuite de ce goût, je cherchais les aliments les plus acides, et ma mère, qui avait toute une médecine d'instinct ou de préjugé dans la tête, croyait que les enfants ont la divination de ce qui leur convient. Voyant que je rongeais toujours des fruits verts, elle mit des citrons à ma disposition, et j'en étais si avide que je les mangeais avec la peau et les pepins, comme on mange des fraises. Ma grande faim était passée, et, pendant cinq ou six jours, je me nourris exclusivement de citrons. Ma grand'mère s'effrayait de cet étrange régime, mais cette fois Deschartres, m'observant avec attention et voyant que j'allais de mieux en mieux, pensa que la nature m'avait fait deviner effectivement ce qui devait me sauver.

Il est certain que je fus promptement guérie et que je n'ai jamais fait d'autre maladie. Je ne sais si la gale est en effet, comme le disaient nos soldats, un brevet de santé, mais il est certain que toute ma vie j'ai pu soigner des maladies réputées contagieuses, et de pauvres galeux dont personne n'osait approcher, sans que j'aie attrappé un bouton. Il me semble que je soignerais impunément des pestiférés, et je pense qu'à quelque chose malheur est bon, moralement du moins, car je n'ai jamais vu de misères physiques dont je n'aie pu vaincre en moi le dégoût. Ce dégoût est violent cependant, et j'ai été bien souvent près de m'évanouir en voyant des plaies et des opérations repoussantes, mais j'ai toujours pensé alors à ma gale et au premier baiser de ma grand'mère, et il est certain que la volonté et la foi peuvent dominer les sens, quelque affectés qu'ils soient.

Mais tandis que je reprenais à vue d'œil, mon pauvre petit frère Louis dépérissait rapidement. La gale avait disparu, mais la fièvre le rongeait. Il était livide, et ses pauvres yeux éteints avaient une expression de tristesse indicible. Je commençai à l'aimer en le voyant souffrir. Jusque-là je n'avais pas fait grande attention à lui, mais quand il était étendu sur les genoux de ma mère, si languissant et si faible qu'elle osait à peine le toucher, je devenais triste avec elle et je comprenais vaguement l'inquiétude, la chose que les enfants sont le moins portés à ressentir.

CHAPITRE QUATORZIÈME.

Ma mère s'attribuait le dépérissement de son enfant. Elle craignait que son lait ne lui fût un poison, et elle s'efforçait de reprendre de la santé pour lui en donner. Elle passait toutes ses journées au grand air, avec l'enfant couché à l'ombre auprès d'elle dans des coussins et des châles bien arrangés. Deschartres lui conseilla de faire beaucoup d'exercice, afin d'avoir de l'appétit, et de réparer la qualité de son lait par de bons aliments. Elle commença aussitôt un petit jardin dans un angle du grand jardin de Nohant, au pied d'un gros poirier qui existe encore. Cet arbre a toute une histoire si bizarre qu'elle ressemble à un roman, et que je n'ai sue que longtemps après.

Le 8 septembre, un vendredi, le pauvre peti aveugle, après avoir gémi longtemps sur les genoux de ma mère, devint froid, rien ne put le réchauffer. Il ne remuait plus. Deschartres vint, l'ôta des bras de ma mère, il était mort. Triste et courte existence, dont, grâce à Dieu, il ne s'est pas rendu compte.

Le lendemain on l'enterra, ma mère me cacha ses larmes. Hippolyte fut chargé de m'emmener au jardin toute la journée. Je sus à peine et ne compris que faiblement et dubitativement ce qui se passait dans la maison. Il paraît que mon père fut vivement affecté, et que cet enfant, malgré son infirmité, lui était tout aussi cher que les autres. Le soir, après minuit, ma mère et mon père, retirés dans leur chambre, pleuraient ensemble, et il se passa alors entre eux une scène étrange que ma mère m'a racontée avec détails une vingtaine d'années plus tard. J'y avais assisté en dormant.

Dans sa douleur et l'esprit frappé des réflexions de ma grand'mère, mon père dit à ma mère : « Ce voyage d'Espagne nous aura été bien funeste, ma pauvre Sophie. Lorsque tu m'écrivais que tu voulais venir m'y rejoindre, et que je te suppliais de n'en rien faire, tu croyais voir là une preuve d'infidélité ou de refroidissement de ma part; et moi, j'avais le pressentiment de quelque malheur. Qu'y avait-il de plus téméraire et de plus insensé que de courir ainsi, grosse à pleine ceinture, à travers tant de dangers, de privations, de souffrances et de terreurs de tous les instants? C'est un miracle que tu y aies résisté ; c'est un miracle qu'Aurore soit vivante. Notre pauvre garçon n'eût peut-être pas été aveugle s'il était né à Paris. L'accoucheur de Madrid m'a expliqué que, par la position de l'enfant dans le sein de la mère, les deux poings fermés et appuyés contre les yeux, la longue pression qu'il a dû éprouver par ta propre position dans la voiture, avec ta fille souvent assise sur tes genoux, a nécessairement empêché les organes de la vue de se développer.

— Tu me fais des reproches maintenant, dit ma mère; il n'est plus temps. Je suis au désespoir.

CHAPITRE QUATORZIÈME.

Quant au chirurgien, c'est un menteur et un scélérat. Je suis persuadée que je n'ai pas rêvé quand je lui ai vu écraser les yeux de mon enfant. »

Ils parlèrent longtemps de leur malheur, et peu à peu ma mère s'exalta beaucoup dans l'insomnie et dans les larmes. Elle ne voulait pas croire que son fils fût mort de dépérissement et de fatigue; elle prétendait que la veille encore il était en pleine voie de guérison, et qu'il avait été surpris par une convulsion nerveuse. « Et maintenant, dit-elle en sanglotant, il est dans la terre, ce pauvre enfant! Quelle terrible chose que d'ensevelir ainsi ce qu'on aime, et de se séparer pour toujours du corps d'un enfant qu'un instant auparavant on soignait et on caressait avec tant d'amour! on vous l'ôte, on le cloue dans une bière, on le jette dans un trou, on le couvre de terre, comme si l'on craignait qu'il n'en sortît! Ah! c'est horrible, et je n'aurais pas dû me laisser arracher ainsi mon enfant; j'aurais dû le garder, le faire embaumer!

— Et quand on songe, dit mon père, que l'on enterre souvent des gens qui ne sont pas morts! Ah! il est bien vrai que cette manière chrétienne d'ensevelir les cadavres est ce qu'il y a de plus sauvage au monde.

— Les sauvages, dit ma mère, ils le sont moins que nous. Ne m'as-tu pas raconté qu'ils étendent leurs morts sur des claies et qu'ils les suspendent desséchés sur des branches d'arbre? J'aimerais mieux voir le berceau de mon petit enfant mort accroché à un des arbres du jardin que de penser qu'il va pourrir dans la terre! Et puis, ajouta-t-elle frappée de la réflexion qui était venue à mon père, s'il n'était pas mort, en effet? Si on avait pris une convulsion pour l'agonie, si M. Deschartres s'était trompé! car enfin, il me l'a ôté, il m'a empêchée de le frotter encore et de le réchauffer, disant que je hâtais sa mort. Il est si rude, ton Deschartres! il me fait peur, et je n'ose lui résister! Mais c'est peut-être un ignorant qui n'a pas su distinguer une léthargie de la mort. Tiens, je suis si tourmentée que j'en deviens folle, et que je donnerais tout au monde pour ravoir mon enfant mort ou vivant. »

Mon père combattit d'abord cette pensée, mais peu à peu elle le gagna aussi, et regardant à sa montre : « Il n'y a pas de temps à perdre, dit-il; il faut que j'aille chercher cet enfant; ne fais pas de bruit, ne réveillons personne, je te réponds que dans une heure tu l'auras. »

Il se lève, s'habille, ouvre doucement les portes, va prendre une bêche et court au cimetière, qui touche à notre maison et qu'un mur sépare du jardin; il approche de la terre fraîchement remuée et commence à creuser. Il faisait sombre, et mon père n'avait pas pris de lanterne. Il ne put voir assez clair pour distinguer la bière qu'il découvrait, et ce ne fut que quand il l'eut débarrassée en entier, étonné de la longueur de son travail, qu'il la reconnu trop grande pour être celle de l'enfant. C'était celle d'un homme de notre village qui était mort peu de jours auparavant. Il fallut creuser à côté, et là, en effet, il retrouva le petit cercueil. Mais, en travaillant à le retirer, il appuya fortement le pied sur la bière du pauvre paysan, et cette bière, entraînée par le vide plus profond qu'il avait fait à côté, se dressa devant lui, le frappa à l'épaule et le fit tomber dans la fosse. Il a dit ensuite à ma mère qu'il avait éprouvé un instant de terreur et d'angoisse inexprimable en se trouvant poussé par ce mort, et renversé dans la terre sur la dépouille de son fils. Il était brave, on le sait de reste, et il n'avait aucun genre de superstition. Pourtant il eut un mouvement de terreur, et une sueur froide lui vint au front. Huit jours après, il devait prendre place à côté du paysan, dans cette même terre qu'il avait soulevée pour en arracher le corps de son fils.

Il recouvra vite son sang-froid, et répara si bien le désordre que personne ne s'en aperçut jamais. Il rapporta le petit cercueil à ma mère et l'ouvrit avec empressement. Le pauvre enfant était bien mort, mais ma mère se plut à lui faire elle-même une dernière toilette. On avait profité de son premier abattement pour l'en empêcher. Maintenant, exaltée et comme ranimée par ses larmes, elle frotta de parfums ce petit cadavre, elle l'enveloppa de son plus beau linge et le replaça dans son berceau pour se donner la douloureuse illusion de le regarder dormir encore.

Elle le garda ainsi caché et enfermé dans sa chambre toute la journée du lendemain, mais la nuit suivante, toute vaine espérance étant dissipée, mon père écrivit avec soin le nom de l'enfant et la date de sa naissance et de sa mort sur un papier qu'il plaça entre deux vitres et qu'il ferma avec de la cire à cacheter tout autour.

Étranges précautions qui furent prises avec une apparence de sang-froid, sous l'empire d'une douleur exaltée. L'inscription ainsi placé dans le cercueil, ma mère couvrit l'enfant de feuilles de roses, et le cercueil fut recloué et porté dans le jardin, à l'endroit que ma mère cultivait elle-même, et enseveli au pied du vieux poirier.

Dès le lendemain ma mère se remit avec ardeur au jardinage, et mon père l'y aida. On s'étonna de leur voir prendre cet amusement puéril, en dépit de leur tristesse. Eux seuls savaient le secret de leur amour pour ce coin de terre. Je me souviens de l'avoir vu cultivé par eux pendant le peu de jours qui séparèrent cet étrange incident de la mort de mon père. Ils y avaient planté de superbes reines marguerites qui y ont fleuri pendant plus d'un mois. Au pied du poirier ils avaient élevé une butte de gazon avec un petit sentier en colimaçon, pour que j'y pusse monter et m'y asseoir. Combien de fois j'y suis montée en effet, combien j'y ai joué et travaillé sans me douter que c'était un tombeau! Il y avait autour de jolies allées sinueuses, bordées de gazon, de plates-bandes de fleurs et des bancs; c'était un jardin d'enfant, mais complet, et qui s'était créé là comme par magie, mon père, ma mère, Hippolyte et moi y travaillant sans relâche pendant cinq ou six journées, les dernières de la vie de mon père, les plus paisibles peut-être qu'il ait goûtées, et les plus tendres dans leur mélancolie. Je me souviens qu'il apportait sans cesse de la terre et du gazon dans des brouettes, et qu'en allant chercher ces fardeaux, il nous mettait, Hippolyte et moi, dans la brouette, prenant plaisir à nous regarder, et faisant semblant de nous verser, pour nous voir crier ou rire, selon notre humeur du moment.

Quinze ans plus tard mon mari fit changer la disposition générale de notre jardin. Déjà le petit jardin de ma mère avait disparu depuis longtemps. Il avait été abandonné pendant mon séjour au couvent, et planté de figuiers. Le poirier avait grossi, et il fut question de l'ôter parce qu'il se trouvait rentrer un peu dans une allée dont on ne pouvait changer l'alignement. J'obtins grâce pour lui. On creusa l'allée, et une plate-bande de fleurs se trouva placée sur la sépulture de l'enfant. Quand l'allée fut finie, assez longtemps après même, le jardinier dit un jour, d'un air mystérieux, à mon mari et à moi, que nous avions bien fait de respecter cet arbre. Il avait envie de parler et ne se fit pas beaucoup prier pour nous dire le secret qu'il avait découvert. Quelques années auparavant, en plantant ses figuiers, sa bêche avait heurté contre un petit cercueil. Il l'avait dégagé de la terre, examiné et ouvert. Il y avait trouvé les ossements d'un petit enfant. Il avait cru d'abord que quelque infanticide avait été caché en ce lieu, mais il avait trouvé le carton écrit intact entre les deux vitres, et il y avait lu les noms du pauvre petit Louis et les dates si rapprochées de sa naissance et de sa mort. Il n'avait guère compris, lui dévot et superstitieux, par quelle fantaisie on avait ôté de la terre consacrée ce corps qu'il avait vu porter au cimetière, mais enfin il en avait respecté le secret; il s'était borné à le dire à ma grand'mère, et il nous le disait maintenant pour que nous avisassions à ce qu'il y avait à faire. Nous jugeâmes qu'il n'y avait rien à faire du tout. Faire reporter ces ossements dans le cimetière, c'eût été ébruiter un fait que tout le monde n'eût pas compris, et qui, sous la restauration, eût pu être exploité contre ma famille par les prêtres. Ma mère vivait, et son secret devait être gardé et respecté. Ma mère m'a raconté le fait ensuite, et a été satisfaite que les ossements n'eussent pas été dérangés.

L'enfant resta donc sous le poirier, et le poirier existe encore. Il est même fort beau, et au printemps il étend un parasol de fleurs rosées sur cette sépulture ignorée. Je ne vois pas le moindre inconvénient à en parler aujourd'hui. Ces fleurs printanières lui font un ombrage moins sinistre que le cyprès des tombeaux. L'herbe et les fleurs sont le véritable mausolée des enfants, et, quant à moi, je déteste les monuments et les inscriptions : je tiens cela de ma grand'-mère, qui n'en voulut jamais pour son fils chéri, disant avec raison que les grandes douleurs n'ont point d'expression, et que les arbres et les fleurs sont les seuls ornements qui n'irritent point la pensée.

Il me reste à raconter des choses bien tristes, et quoiqu'elles ne m'aient point affectée au-delà des facultés très-limitées qu'un enfant peut avoir pour la douleur, je les ai toujours vues si présentes aux souvenirs et aux pensées de ma famille, que j'en ai ressenti le contre-coup toute ma vie.

Quand le petit jardin mortuaire fut à peu près établi, l'avant-veille de sa mort, mon père engagea ma grand'mère à faire abattre les murs qui entouraient le grand jardin, et dès qu'elle y eut consenti, il se mit à l'ouvrage à la tête des ouvriers. Je le vois encore au milieu de la poussière, un pic de fer à la main, faisant crouler ces vieux murs qui tombaient presque d'eux-mêmes avec un bruit dont j'étais effrayée.

Mais les ouvriers finirent l'ouvrage sans lui. Le vendredi 17 septembre, il monta son terrible cheval pour aller faire visite à nos amis de la Châtre. Il y dîna et y passa la soirée. On remarqua qu'il se forçait un peu pour être enjoué comme à l'ordinaire, et que, par moments, il était sombre et préoccupé. La mort récente de son enfant lui revenait dans l'âme, et il faisait généreusement son possible pour ne pas communiquer sa tristesse à ses amis. C'étaient ceux-là même avec lesquels il avait joué sous le directoire *Robert chef de brigands*. Il dînait avec M. et madame Duvernet.

Ma mère était toujours jalouse, et surtout, comme il arrive dans cette maladie, des personnes qu'elle ne connaissait pas. Elle eut du dépit de voir qu'il ne rentrait pas de bonne heure, ainsi qu'il le lui avait promis, et elle montra naïvement son chagrin à ma grand'mère. Déjà elle lui avait confessé cette faiblesse, et déjà ma grand'mère l'avait raisonnée. Ma grand'mère n'avait pas connu les passions, et les soupçons de ma mère lui paraissaient fort déraisonnables. Elle eût dû y compatir un peu pourtant, elle qui avait porté la jalousie dans l'amour maternel; mais elle parlait à son impétueuse belle-fille un langage si grave, que celle-ci en était souvent ffrayée. Elle la grondait même, toujours dans une forme douce et mesurée, mais avec une certaine froideur qui l'humiliait et la réduisait sans la guérir.

Ce soir-là elle réussit à la mater complétement en lui disant que si elle tourmentait ainsi Maurice, Maurice se dégoûterait d'elle, et chercherait peut-être alors hors de son intérieur le bonheur qu'elle en aurait chassé. Ma mère pleura, et, après quelques révoltes, se soumit pourtant, et promit de se coucher tranquillement, de ne pas aller attendre son mari sur la route, enfin de ne pas se rendre malade, elle qui avait été récemment éprouvée par tant de fatigue et de chagrin. Elle avait encore beaucoup de lait, elle pouvait, au milieu de ses agitations morales, faire une maladie, éprouver des accidents qui lui ôteraient tout d'un coup la beauté et les apparences de la jeunesse. Cette dernière considération la frappa plus que toute la philosophie de ma grand'mère. Elle céda à cet argument. Elle voulait être belle pour plaire à son mari. Elle se coucha et s'endormit comme une personne raisonnable. Pauvre femme, quel réveil l'attendait!

Vers minuit, ma grand'mère commençait pourtant à s'inquiéter sans en rien dire à Deschartres, avec qui elle prolongeait sa partie de piquet, voulant embrasser son fils avant de s'endormir. Enfin minuit sonna, et elle était retirée dans sa chambre, lorsqu'il lui sembla entendre dans la maison un mouvement inusité. On agissait avec précaution pourtant, et Deschartres, appelé par Saint-Jean, était sorti avec le moins de bruit possible; mais quelques portes ouvertes, un certain embarras de la femme de chambre, qui avait vu appeler Deschartres sans savoir de quoi il s'agissait, mais qui, à la physionomie de Saint-Jean, avait pressenti quelque chose de grave, et, plus que tout cela, l'inquiétude déjà éprouvée, précipitèrent l'épouvante de ma grand'mère. La nuit était sombre et pluvieuse, et j'ai déjà dit que ma grand'mère, quoique d'une belle et forte organisation, soit par faiblesse naturelle des jambes, soit par mollesse excessive dans sa première éducation, n'avait jamais pu marcher. Quand elle avait fait lentement le tour de son jardin, elle était accablée pour tout le jour. Elle n'avait marché qu'une fois en sa vie, pour aller surprendre son fils à Passy en sortant de prison. Elle marcha pour la seconde fois le 17 septembre 1808. Ce fut pour aller relever son cadavre à une lieue de la maison, à l'entrée de la Châtre. Elle partit seule, en petits souliers de prunelle, sans châle, comme elle se trouvait en ce moment-là. Comme il s'était passé un peu de temps avant qu'elle surprît dans la maison l'agitation qui l'avait avertie, Deschartres était arrivé avant elle. Il était déjà auprès de mon pauvre père, il avait déjà constaté la mort.

Voici comment ce funeste accident était arrivé :

Au sortir de la ville, cent pas après le pont qui en marque l'entrée, la route fait un angle. En cet

CHAPITRE QUATORZIÈME.

endroit, au pied du treizième peuplier, on avait laissé ce jour-là un monceau de pierres et de gravats. Mon père avait pris le galop en quittant le pont. Il montait le fatal *Leopardo*. Weber, à cheval aussi, le suivait à dix pas en arrière. Au détour de la route, le cheval de mon père heurta le tas de pierres dans l'obscurité. Il ne s'abattit pas, mais effrayé et stimulé sans doute par l'éperon, il se releva par un mouvement d'une telle violence, que le cavalier fut enlevé et alla tomber à dix pieds en arrière. Weber n'entendit que ces mots : « *A moi, Weber!..... je suis mort!* » Il trouva son maître étendu sur le dos. Il n'avait aucune blessure apparente ; mais il s'était rompu les vertèbres du cou, il n'existait plus. Je crois qu'on le porta dans l'auberge voisine et que des secours lui vinrent promptement de la ville pendant que Weber, en proie à une inexprimable terreur, était venu au galop chercher Deschartres. Il n'était plus temps, mon père n'avait pas eu le temps de souffrir. Il n'avait eu que celui de se rendre compte de la mort subite et implacable qui venait le saisir au moment où sa carrière militaire s'ouvrait enfin devant lui brillante et sans obstacle ; où, après une lutte de huit années, sa mère, sa femme et ses enfants enfin acceptés les uns par les autres et réunis sous le même toit, le combat terrible et douloureux de ses affections allait cesser et lui permettre d'être heureux.

Au lieu fatal, terme de sa course désespérée, ma pauvre grand'mère tomba comme suffoquée sur le corps de son fils. Saint-Jean s'était hâté de mettre les chevaux à la berline, et il arriva pour y placer Deschartres, le cadavre et ma grand'mère, qui ne voulut pas s'en séparer. C'est Deschartres qui m'a raconté dans la suite cette nuit de désespoir, dont ma grand'mère n'a jamais pu parler. Il m'a dit que tout ce que l'âme humaine peut souffrir sans se briser, il l'avait souffert durant ce trajet où la pauvre mère, pâmée sur le corps de son fils, ne faisait entendre qu'un râle semblable à celui de l'agonie.

Je ne sais point ce qui se passa jusqu'au moment où ma mère apprit cette effroyable nouvelle. Il était six heures du matin et j'étais déjà levée; ma mère s'habillait, elle avait une jupe et une camisole blanche, et elle se peignait. Je la vois encore, au moment où Deschartres entra chez elle sans frapper, la figure si pâle et si bouleversée que ma mère comprit tout de suite. « Maurice! s'écria-t-elle, où est Maurice? » Deschartres ne pleurait pas. Il avait les dents serrées, il ne pouvait prononcer que des paroles entrecoupées : « Il est tombé..... Non, n'y allez pas, restez ici, pensez à votre fille..... Oui, c'est grave, très-grave..... » Et enfin, faisant un effort qui pouvait ressembler à une cruauté brutale, mais qui était tout à fait indépendant de la réflexion, il lui dit avec un accent que je n'oublierai de ma vie : « *Il est mort!* » puis il eut comme une espèce de rire convulsif, s'assit, et fondit en larmes.

Je vois encore dans quel endroit de la chambre nous étions. C'est celle que j'habite encore et dans laquelle j'écris le récit de cette lamentable histoire. Ma mère tomba sur une chaise derrière le lit. Je vois sa figure livide, ses grands cheveux noirs épars sur sa poitrine, ses bras nus que je couvrais de baisers; j'entends ses cris déchirants. Elle était sourde aux miens et ne sentait pas mes caresses. Deschartres lui dit : « Voyez donc cette enfant et vivez pour elle. »

Je ne sais plus ce qui se passa. Sans doute les cris et les larmes m'eurent bientôt brisée. L'enfance n'a pas la force de souffrir. L'excès de la douleur et de l'épouvante m'anéantit et m'ôta le sentiment de ce qui se passait autour de moi. Je ne retrouve le souvenir qu'à dater de plusieurs jours après, lorsqu'on me mit des habits de deuil. Ce noir me fit une impression très-vive. Je pleurai pour m'y soumettre, j'avais porté cependant la robe et le voile noirs des Espagnoles. Mais sans doute je n'avais jamais eu de bas noirs, car ces bas me causèrent une grande terreur. Je prétendis qu'on me mettait des jambes de mort, et il fallut que ma mère me montrât qu'elle en avait aussi. Je vis le même jour ma grand'mère, Deschartres, Hippolyte et toute la maison en deuil.

Il fallut qu'on m'expliquât que c'était à cause de la mort de mon père, et je dis alors à ma mère une parole qui lui fit beaucoup de mal. « Mon papa, lui dis-je, est donc encore mort aujourd'hui? »

J'avais pourtant compris la mort, mais apparemment je ne la croyais pas éternelle. Je ne pouvais me faire l'idée d'une séparation absolue, et je reprenais peu à peu mes jeux et ma gaieté avec l'insouciance de mon âge. De temps en temps, voyant ma mère pleurer à la dérobée, je m'interrompais pour lui dire de ces naïvetés qui la brisaient : « Mais quand mon papa aura fini d'être mort, il reviendra bien te voir? » La pauvre femme ne voulait pas me détromper complétement. Elle me disait seulement que nous resterions bien longtemps comme cela à l'attendre, et elle défendait aux domestiques de me rien expliquer. Elle avait au plus haut point le respect de l'enfance, que l'on met trop de côté dans des éducations plus complètes et plus savantes.

Cependant la maison était plongée dans une morne tristesse et le village aussi, car personne n'avait connu mon père sans l'aimer. Sa mort répandit une véritable consternation dans le pays, et les gens mêmes qui ne le connaissaient que de vue furent vivement affectés de cette catastrophe.

Hippolyte fut très-ébranlé par un spectacle qu'on ne lui avait pas dérobé avec autant de soin qu'on l'avait fait pour moi. Il avait déjà neuf ans, et il ne

CHAPITRE QUATORZIÈME.

savait pas encore que mon père était le sien. Il eut beaucoup de chagrin, mais à son chagrin l'image de la mort mêla une sorte de terreur, et il ne faisait que pleurer et crier la nuit. Les domestiques, confondant leurs superstitions et leurs regrets, prétendaient avoir vu mon père se promener dans la maison après sa mort. La vieille femme de Saint-Jean affirmait avec serment l'avoir vu à minuit traverser le corridor et descendre l'escalier. Il avait son grand uniforme, disait-elle, et il marchait lentement sans paraître voir personne. Il avait passé auprès d'elle sans la regarder et sans lui parler. Une autre l'avait vu dans l'antichambre de l'appartement de ma mère. C'était alors une grande salle nue, destinée à un billard, et où il n'y avait qu'une table et quelques chaises. En traversant cette pièce le soir, une servante l'avait vu assis, les coudes appuyés sur la table et la tête dans ses mains. Il est certain que quelque voleur domestique profita ou essaya de profiter des terreurs de nos gens, car un fantôme blanc erra dans la cour pendant plusieurs nuits. Hippolyte le vit et en fut malade de peur. Deschartres le vit aussi, et le menaça d'un coup de fusil : il ne revint plus.

Heureusement pour moi, je fus assez bien surveillée pour ne pas entendre ces sottises, et la mort ne se présenta pas encore à moi sous l'aspect hideux que les imaginations superstitieuses lui ont donné.

Ma grand'mère me sépara pendant quelques jours d'Hippolyte, qui perdait la tête et qui d'ailleurs était pour moi un camarade un peu trop impétueux. Mais elle s'inquiéta bientôt de me voir trop seule et de l'espèce de satisfaction passive avec laquelle je me tenais tranquille sous ses yeux et plongée dans des rêveries qui étaient pourtant une nécessité de mon organisation, et qu'elle ne s'expliquait pas. Il paraît que je restais des heures entières assise sur un tabouret aux pieds de ma mère ou aux siens, ne disant mot, les bras pendants, les yeux fixes, la bouche entr'ouverte, et que je paraissais idiote par moments. « Je l'ai toujours vue ainsi, » disait ma mère, c'est sa nature; ce n'est pas bêtise. Soyez sûre qu'elle rumine toujours quelque chose. Autrefois elle parlait tout haut en rêvassant, à présent elle ne dit plus rien, mais, comme disait son pauvre père, elle n'en pense pas moins. — C'est probable, répondait ma grand'mère, mais il n'est pas bon pour les enfants de tant rêver. J'ai vu aussi son père enfant tomber dans des espèces d'extases, et après cela il a eu une maladie de langueur. Il faut que cette petite soit distraite et secouée malgré elle. Nos chagrins la feront mourir, si on n'y prend garde; elle les ressent, bien qu'elle ne les comprenne pas. Ma fille, il faut vous distraire aussi, ne fût-ce que physiquement. Vous êtes naturellement robuste, l'exercice vous est nécessaire. Il faut reprendre votre

CHAPITRE QUATORZIÈME.

travail de jardinage, l'enfant y reprendra goût avec vous. »

Ma mère obéit, mais sans doute elle ne put pas d'abord y mettre beaucoup de suite. A force de pleurer, elle avait dès lors contracté d'effroyables douleurs de tête, qu'elle a conservées pendant plus de vingt ans, et qui, presque toutes les semaines, la forçaient à se coucher pendant vingt-quatre heures.

Il faut que je dise ici, pour ne pas l'oublier, une chose qui me revient et que je tiens à dire, parce qu'on en a fait contre ma mère un sujet d'accusation qui est resté jusqu'à ce jour dans l'esprit de plusieurs personnes. Il paraît que le jour de la mort de mon père, ma mère s'est écriée : « *Et moi qui étais jalouse! à présent, je ne le serai donc plus.* » Cette parole était profonde dans sa douleur ; elle exprimait un regret amer du temps où elle se livrait à des peines chimériques, et une comparaison avec le malheur réel qui lui apportait une si horrible guérison. Soit Deschartres, qui jamais ne put se réconcilier franchement avec elle, soit quelque domestique mal intentionné, cette parole fut répétée et dénaturée. Ma mère aurait dit avec un accent de satisfaction monstrueuse : « *Enfin! je ne serai donc plus jalouse!* » Cela est si absurde, pris dans une pareille acception, et dans un jour de désespoir si violent, que je ne comprends pas que des gens d'esprit aient pu s'y tromper. Il n'y a pourtant pas longtemps [1] que M. de Vitrolles, ancien ami de mon père, et l'homme le plus *homme* de l'ancien parti légitimiste, le racontait dans ce sens à un de mes amis. J'en demande pardon à M. de Vitrolles, mais on l'a indignement trompé, et la conscience humaine se révolte contre de pareilles interprétations. J'ai vu le désespoir de ma mère, et ces scènes-là ne s'oublient point.

Je reviens à moi après cette digression. Ma grand'mère, s'inquiétant toujours de mon isolement, me chercha une compagne de mon âge. Mademoiselle Julie, sa femme de chambre, lui proposa d'amener sa nièce, qui n'avait que six mois de plus que moi, et bientôt la petite Ursule fut habillée de deuil et amenée à Nohant. Elle y a passé plusieurs années avec moi, ensuite elle a été mise en apprentissage. Elle est venue pendant quelque temps tenir ma maison après mon mariage, et puis elle s'est mariée elle-même, et a toujours habité la Châtre. Nous ne nous sommes donc jamais perdues de vue, et notre amitié, toujours plus éprouvée par l'âge, a maintenant quarante ans de date : c'est quelque chose.

J'aurai à parler souvent de cette bonne Ursule, et je commence par dire qu'elle fut pour moi d'un grand secours dans la disposition morale et physique où je me trouvais par suite de notre malheur

---

[1] 1848.

domestique. Le bon Dieu voulut bien me faire cette grâce que l'enfant pauvre qu'on associait à mes jeux ne fût point une âme servile. L'enfant du riche (et relativement à Ursule j'étais une petite princesse) abuse instinctivement des avantages de sa position, et quand son pauvre compagnon se laisse faire, le petit despote lui ferait volontiers donner le fouet à sa place, ainsi que cela s'est vu entre seigneurs et vilains. J'étais fort gâtée. Ma sœur, plus âgée que moi de cinq ans, m'avait toujours cédé avec cette complaisance que la raison inspire aux petites filles pour leurs cadettes. Clotilde seule m'avait tenu tête; mais depuis quelques mois je n'avais plus l'occasion de devenir sociable avec mes pareilles. J'étais seule avec ma mère, qui pourtant ne me gâtait pas, car elle avait la parole vive et la main leste, et mettait en pratique cette maxime que qui aime bien châtie bien. Mais, dans ces jours de deuil, soutenir contre les caprices d'un enfant une lutte de toutes les heures était nécessairement au-dessus de ses forces. Ma grand'mère et elle avaient besoin de m'aimer et de me gâter pour se consoler de leurs peines ; j'en abusais naturellement. Et puis le voyage d'Espagne, la maladie et les douleurs auxquelles j'avais assisté m'avaient laissé une excitation nerveuse qui dura assez longtemps. J'étais donc irritable au dernier point et hors de mon état normal. J'éprouvais mille fantaisies, et je ne sortais de mes contemplations mystérieuses que pour vouloir l'impossible. Je voulais qu'on me donnât les oiseaux qui volaient dans le jardin, et de rage, je me roulais par terre quand on se moquait de moi ; je voulais que Weber me mît sur son cheval ; ce n'était plus Leopardo, on l'avait vendu bien vite, mais on pense bien qu'on ne voulait me laisser approcher d'aucun cheval. Enfin mes désirs contrariés faisaient mon supplice. Ma grand'mère disait que cette intensité de fantaisies était une preuve d'imagination, et elle voulait distraire cette imagination malade ; mais cela fut long et difficile.

Lorsque Ursule arriva, après la première joie, car elle me plut tout de suite et je sentis, sans m'en rendre compte, que c'était un enfant très-intelligent et très-courageux, l'esprit de domination revint, et je voulus l'astreindre à toutes mes volontés. Tout au beau milieu de nos jeux, il fallait changer celui qui lui plaisait pour celui qui me plaisait davantage, et tout aussitôt je m'en dégoûtais quand elle commençait à le préférer. Ou bien il fallait rester tranquille et ne rien dire, *méditer* avec moi ; et si j'avais pu faire qu'elle eût mal à la tête, ce qui m'arrivait souvent, j'aurais exigé qu'elle me tînt compagnie sous ce rapport. Enfin j'étais l'enfant le plus maussade, le plus chagrin et le plus irascible qu'il soit possible d'imaginer.

Grâce à Dieu, Ursule ne se laissa point asservir.

Elle était d'humeur enjouée, active, et si babillarde qu'on lui avait donné le surnom de *Caquet bon bec* qu'elle a gardé longtemps. Elle a toujours eu de l'esprit, et ses longs discours faisaient souvent rire ma grand'mère à travers ses larmes. On craignit d'abord qu'elle ne se laissât tyranniser ; mais elle était trop têtue naturellement pour avoir besoin qu'on lui fît la leçon. Elle me résista on ne peut mieux, et quand je voulus jouer des mains et des griffes, elle répondait des pieds et des dents. Elle a gardé souvenir d'une formidable bataille à laquelle nous nous défiâmes un jour. Il paraît que nous avions une querelle sérieuse à vider, et comme nous ne voulions céder ni l'une ni l'autre, nous convînmes de nous battre du mieux qu'il nous serait possible. L'affaire fut assez chaude et il y eut des marques de part et d'autre ; je ne sais qui fut la plus forte, mais le dîner étant servi sur ces entrefaites, il nous fallait comparaître et nous craignions également d'être grondées. Nous étions seules dans la chambre de ma mère ; nous nous hâtâmes de nous laver la figure pour effacer quelques petites gouttes de sang ; nous nous arrangeâmes les cheveux l'une à l'autre, et nous eûmes même de l'obligeance mutuelle dans ce commun danger. Enfin, nous descendîmes l'escalier en nous demandant l'une à l'autre s'il n'y paraissait plus. La rancune s'était effacée, et Ursule me proposa de nous réconcilier et de nous embrasser, ce que nous fîmes de bon cœur, comme deux vieux soldats après une affaire d'honneur. Je ne sais pas si ce fut la dernière entre nous, mais il est certain que, soit dans la paix, soit dans la guerre, nous vécûmes dès lors sur le pied de l'égalité, et que nous nous aimions tant que nous ne pouvions vivre un instant séparées. Ursule mangeait à notre table, comme elle y a toujours mangé depuis. Elle couchait dans notre chambre et souvent avec moi dans le grand lit. Ma mère l'aimait beaucoup, et, quand elle avait la migraine, elle était soulagée par les petites mains fraîches qu'Ursule passait sur son front bien longtemps et bien doucement. J'étais un peu jalouse de ces soins qu'elle lui rendait, mais soit animation au jeu, soit un reste de disposition fébrile, j'avais toujours les mains brûlantes et j'empirais la migraine.

Nous restâmes deux ou trois ans à Nohant sans que ma grand'mère songeât à retourner à Paris, et sans que ma mère pût se décider à ce qu'on désirait d'elle. Ma grand'mère voulait que mon éducation lui fût entièrement confiée et que je ne la quittasse plus. Ma mère ne pouvait abandonner Caroline, qui était en pension, à la vérité, mais qui bientôt devait avoir besoin qu'elle s'en occupât d'une manière suivie, et elle ne pouvait se résoudre à se séparer définitivement de l'une ou de l'autre de ses filles. Mon oncle de Beaumont vint passer un été à

Nohant pour aider ma mère à prendre cette résolution qu'il jugeait nécessaire au bonheur de ma grand'mère et au mien ; car, tous comptes faits, et même ma grand'mère augmentant le plus possible l'existence à laquelle ma mère pouvait prétendre, il ne restait à celle-ci que deux mille cinq cents livres de rente, et ce n'était pas de quoi donner une brillante éducation à ses deux enfants. Ma grand'mère s'attachait à moi chaque jour davantage, non pas sans doute à cause de mon petit caractère, qui était encore passablement quinteux à cette époque, mais à cause de ma ressemblance frappante avec mon père. Ma voix, mes traits, mes manières, mes goûts, tout en moi lui rappelait son fils enfant, à tel point qu'elle se faisait quelquefois, en me regardant jouer, une sorte d'illusion, et que souvent elle m'appelait Maurice et disait *mon fils* en parlant de moi.

Elle tenait beaucoup à développer mon intelligence, dont elle se faisait une haute idée. Je ne sais pourquoi je comprenais tout ce qu'elle me disait et m'enseignait, mais elle le disait si clairement et si bien, que ce n'était pas merveille. J'annonçais aussi des dispositions musicales qui n'ont jamais été suffisamment développées, mais qui la charmaient parce qu'elles lui rappelaient l'enfance de mon père, et elle recommençait la jeunesse de sa maternité en me donnant des leçons.

J'ai souvent entendu ma mère soulever devant moi ce problème : « Mon enfant sera-t-elle plus heureuse ici qu'avec moi ? Je ne sais rien, c'est vrai, et je n'aurai pas le moyen de lui en faire apprendre bien long. L'héritage de son père peut être amoindri si sa grand'mère se désaffectionne en ne la voyant pas sans cesse, mais l'argent et les talents font-ils le bonheur ? »

Je comprenais déjà ce raisonnement, et quand elle parlait de mon avenir avec mon oncle de Beaumont, qui la pressait vivement de céder, j'écoutais de toutes mes oreilles sans en avoir l'air. Il en résulta pour moi un grand mépris pour l'argent, avant que je susse ce que ce pouvait être, et une sorte de terreur vague de la richesse dont j'étais menacée.

Cette richesse n'était pas grand'chose ; car, tout au net, ce devait être un jour environ douze mille francs de rente. Mais relativement, c'était beaucoup, et cela me faisait grand'peur étant lié à l'idée de me séparer de ma mère. Aussi, dès que j'étais seule avec elle, je la couvrais de caresses en la suppliant de ne pas me *donner pour de l'argent* à ma grand'mère ; j'aimais pourtant cette bonne maman si douce, qui ne me parlait que pour me dire des choses tendres ; mais cela ne pouvait se comparer à l'amour passionné que je commençais à ressentir pour ma mère, et qui a dominé ma vie jusqu'à une époque où des circonstances plus fortes que moi m'ont fait hésiter entre ces deux mères, jalouses l'une de l'autre à propos de moi, comme elles l'avaient été à propos de mon père.

Oui, je dois l'avouer, un temps est venu où, placée dans une situation anomale entre ces deux affections qui, de leur nature, ne se combattent point, j'ai été tour à tour victime de la sensibilité de ces deux femmes et de la mienne propre, trop peu ménagée par elles. Je raconterai ces choses comme elles se sont accomplies, mais dans leur ordre, et je veux tâcher de commencer par le commencement. Jusqu'à l'âge de quatre ans, c'est-à-dire jusqu'au voyage en Espagne, j'avais chéri ma mère instinctivement et sans le savoir. Ainsi que je l'ai dit, je ne m'étais rendu compte d'aucune affection, et j'avais vécu comme vivent les petits enfants, et comme vivent les peuples primitifs, par l'imagination. La vie du sentiment s'était éveillée en moi à la naissance de mon petit frère aveugle, en voyant souffrir ma mère. Son désespoir à la mort de mon père m'avait développée davantage dans ce sens, et je commençai à me sentir subjuguée par cette affection quand l'idée d'une séparation vint me surprendre au milieu de mon âge d'or.

Je dis mon âge d'or, parce que c'était à cette époque-là le mot favori d'Ursulette. Je ne sais où elle l'avait entendu dire, mais elle me le répétait quand elle raisonnait avec moi, car elle prenait déjà part à mes peines ; et, par son caractère plus encore que par les cinq ou six mois qu'elle avait de plus que moi, elle comprenait mieux le monde réel. En me voyant pleurer à l'idée de rester sans ma mère avec ma bonne maman, elle me disait : « C'est pourtant gentil d'avoir une grande maison et un grand jardin comme ça pour se promener, et des voitures, et des robes, et des bonnes choses à manger tous les jours. Qu'est-ce qui donne tout ça? C'est le *richement*. Il ne faut donc pas que tu pleures, car tu auras, avec ta bonne maman, toujours de l'*âge d'or* et toujours du *richement*. Et quand je vas voir maman à la Châtre, elle dit que je suis devenue difficile à Nohant et que je fais la dame. Et moi, je lui dis, je suis dans mon *âge d'or* et je prends du *richement* pendant que j'en ai. »

Les raisonnements d'Ursule ne me consolaient pas. Un jour sa tante, mademoiselle Julie, la femme de chambre de ma grand'mère, qui me voulait du bien et qui raisonnait à son point de vue, me dit : « *Vous voulez donc retourner dans votre petit grenier manger des haricots?* » Cette parole me révolta, et les haricots et le petit grenier me parurent l'idéal du bonheur et de la dignité. Mais j'anticipe un peu ; j'avais peut-être déjà sept ou huit ans quand cette question de la richesse me fut ainsi posée. Avant de dire le résultat du combat que ma mère soutenait et se livrait à elle-même à propos de moi, je dois esquisser les deux ou trois années que nous passâmes à Nohant après la mort de mon père. Je ne pourrai pas le faire avec ordre, ce sera un tableau général et un peu confus, comme mes souvenirs.

D'abord je dois dire comment vivaient ensemble ma mère et ma grand'mère, ces deux femmes aussi différentes par leur organisation qu'elles l'étaient par leur éducation et leurs habitudes. C'étaient vraiment les deux types extrêmes de notre sexe : l'une blanche, blonde, grave, calme et digne dans ses manières, une véritable Saxonne de noble race, aux grands airs pleins d'aisance et de bonté protectrice; l'autre brune, pâle, ardente, gauche et timide devant les gens du beau monde, mais toujours prête à éclater quand l'orage grondait trop fort au dedans, une nature d'Espagnole, jalouse, passionnée, colère et faible, méchante et bonne en même temps. Ce n'était pas sans une mortelle répugnance que ces deux êtres si opposés par nature et par situation s'étaient acceptés l'un et l'autre, et pendant la vie de mon père, elles s'étaient trop disputé son cœur pour ne pas se haïr un peu. Après sa mort, la douleur les rapprocha, et l'effort qu'elles avaient fait pour s'aimer porta ses fruits. Ma grand'mère ne pouvait comprendre les vives passions et les violents instincts, mais elle était sensible à la grâce, à l'intelligence et aux élans sincères du cœur. Ma mère avait tout cela, et ma grand'mère l'observait souvent avec une sorte de curiosité, se demandant pourquoi mon père l'avait tant aimée. Elle découvrit bientôt à Nohant ce qu'il y avait de puissance et d'attrait dans cette nature inculte. Ma mère était une grande artiste manquée faute de développement. Je ne sais à quoi elle eût été propre spécialement, mais elle avait pour tous les arts et pour tous les métiers une aptitude merveilleuse. Elle n'avait rien appris, elle ne savait rien ; ma grand'mère lui reprocha son orthographe barbare et lui dit qu'il ne tiendrait qu'à elle de la corriger. Elle se mit, non à apprendre la grammaire, il n'était plus temps, mais à lire avec attention, et peu après elle écrivait presque correctement et dans un style si naïf et si joli, que ma grand'mère, qui s'y connaissait, admirait ses lettres. Elle ne connaissait seulement pas les notes, mais elle avait une voix ravissante, d'une légèreté et d'une fraîcheur incomparables, et ma grand'mère se plaisait à l'entendre chanter, toute grande musicienne qu'elle était. Elle remarquait le goût et la méthode naturelle de son chant. Puis, à Nohant, ne sachant comment remplir ses longues journées, ma mère se mit à dessiner, elle qui n'avait jamais touché un crayon. Elle le fit d'instinct, comme tout ce qu'elle faisait, et après avoir copié très-adroitement plusieurs gravures, elle se mit à faire des portraits à la plume et à la gouache, qui étaient ressemblants et dont la naïveté avait toujours du charme et de la grâce. Elle brodait un peu gros, mais avec une rapidité si incroyable qu'elle fit à ma grand'mère, en peu de jours, une robe de percale brodée tout entière du haut en bas, comme on en portait alors. Elle faisait toutes nos robes et tous nos chapeaux, ce qui n'était pas merveille, puisqu'elle avait été longtemps modiste; mais c'était inventé et exécuté avec une promptitude, un goût et une fraîcheur incomparables. Ce qu'elle avait entrepris le matin, il fallait que ce fût prêt pour le lendemain, eût-elle dû y passer la nuit, et elle portait dans les moindres choses une ardeur et une puissance d'attention qui paraissaient merveilleuses à ma grand'mère, un peu nonchalante d'esprit et maladroite de ses mains, comme l'étaient alors les grandes dames. Ma mère savonnait, elle repassait, elle raccommodait toutes nos nippes elle-même avec plus de prestesse et d'habileté que la meilleure ouvrière de profession. Jamais je ne lui ai vu faire d'ouvrages inutiles et dispendieux comme ceux que font les dames riches. Elle ne faisait ni petites bourses, ni petits écrans, ni aucun de ces brimborions qui coûtent plus cher quand on les fait soi-même, qu'on ne les payerait tout faits chez un marchand ; mais pour une maison qui avait besoin d'économie, elle valait dix ouvrières à elle seule. Et puis elle était toujours prête à entreprendre toutes choses. Ma grand'mère avait-elle cassé sa boîte à ouvrage, ma mère s'enfermait une journée dans sa chambre, et à diner elle lui apportait une boite en cartonnage, coupée, collée, doublée et confectionnée par elle de tous points. Et il se trouvait que c'était un petit chef-d'œuvre de goût. Il en était de tout ainsi. Si le clavecin était dérangé, sans connaître ni le mécanisme, ni la tablature, elle remettait des cordes, elle recollait des touches, elle rétablissait l'accord. Elle osait tout et réussissait à tout. Elle eût fait des souliers, des meubles, des serrures, s'il l'avait fallu. Ma grand'mère disait que c'était une fée, et il y avait quelque chose de cela. Aucun travail, aucune entreprise ne lui semblait ni trop poétique, ni trop vulgaire, ni trop pénible, ni trop fastidieuse ; seulement elle avait horreur des choses qui ne servent à rien et disait tout bas que c'étaient des amusements de *vieille comtesse.*

C'était donc une organisation magnifique. Elle avait tant d'esprit naturel que, quand elle n'était pas paralysée par sa timidité, qui était extrême avec certaines gens, elle en était étincelante. Jamais je n'ai entendu railler et critiquer comme elle savait le faire, et il ne faisait pas bon de lui avoir déplu. Quand elle était bien à son aise, c'était le langage incisif, comique et pittoresque de l'*enfant de Paris,* auquel rien ne peut être comparé chez aucun peuple du monde, et au milieu de tout cela, il y avait des éclairs de poésie, des choses senties et dites comme on ne les dit plus quand on s'en rend compte et qu'on sait les dire. Elle n'avait aucune vanité de son intelligence et ne s'en doutait même pas. Elle était sûre de sa beauté sans en être fière, et disait naïvement qu'elle n'avait jamais été jalouse de celle des autres, se trouvant assez bien partagée sous ce rapport-là. Mais ce qui la tourmentait, par rapport à mon père, c'était la supériorité d'intelligence et d'éducation qu'elle supposait aux femmes du monde. Cela prouve combien elle était modeste naturellement; car les dix-neuf vingtièmes des femmes que j'ai connues dans toutes les positions sociales étaient de véritables idiotes auprès d'elle. J'en ai vu qui la regardaient par-dessus l'épaule et qui, en la voyant réservée et craintive, s'imaginaient qu'elle avait honte de sa sottise et de sa nullité; mais qu'elles eussent essayé de piquer l'épiderme, le volcan eût fait irruption et les eût lancées un peu loin.

Avec tout cela, il faut bien le dire, c'était la personne la plus difficile à manier qu'il y eût au monde. J'en étais venue à bout dans ses dernières années, mais ce n'était pas sans peine et sans souffrance. Elle était irascible au dernier point, et pour la calmer il fallait feindre d'être irritée. La douceur et la patience l'exaspéraient, le silence la rendait folle, et c'est pour l'avoir trop respectée que je l'ai trouvée longtemps injuste avec moi. Il ne me fut jamais possible de m'emporter avec elle, ses colères m'affligeaient sans trop m'offenser; je voyais en elle un enfant terrible qui se dévorait lui-même, et je souffrais trop du mal qu'elle se faisait, pour m'occuper de celui qu'elle croyait me faire. Mais je pris sur moi de lui parler avec une certaine sévérité, et son âme, qui avait été si tendre pour moi dans mon enfance, se laissa enfin vaincre et persuader. J'ai bien souffert pour en arriver là; mais ce n'est pas encore ici le moment de le dire.

Il faut pourtant la peindre tout entière, cette femme qui n'a pas été connue, et l'on ne comprendrait pas le mélange de sympathie et de répulsion, de confiance et d'effroi qu'elle inspira toujours à ma grand-mère (et à moi longtemps), si je ne disais toutes les forces et toutes les faiblesses de son âme. Elle était pleine de contrastes, c'est pour cela qu'elle a été beaucoup aimée et beaucoup haïe; c'est pour cela qu'elle a beaucoup aimé et beaucoup haï elle-même. A certains égards, j'ai beaucoup d'elle, mais en moins bon et en moins rude : je suis une empreinte très-affaible par la nature, ou très-modifiée par l'éducation. Je ne suis capable ni de ses rancunes ni de ses éclats; mais quand du mauvais mouvement je reviens au bon, je n'ai pas le même mérite, parce que mon dépit n'a jamais été de la fureur et mon éloignement jamais de la haine. Pour passer ainsi d'une passion extrême à une autre, pour adorer ce qu'on vient de maudire et caresser ce qu'on a brisé, il faut une rare puissance. J'ai vu cent

CHAPITRE QUATORZIÈME.

fois ma mère outrager jusqu'au sang, et puis tout à coup reconnaître qu'elle allait trop loin, fondre en larmes et relever jusqu'à l'adoration ce qu'elle avait injustement foulé aux pieds.

Avare pour elle-même, elle était prodigue pour les autres. Elle lésinait sur des riens, et puis, tout à coup, elle craignait d'avoir mal agi et donnait trop. Elle avait d'admirables naïvetés. Lorsqu'elle était en train de médire de ses ennemis, si Pierret, pour user vite son dépit, ou tout bonnement parce qu'il voyait par ses yeux, enchérissait sur ses malédictions, elle changeait tout à coup. « Pas du tout, Pierret, disait-elle, vous déraisonnez. Vous ne vous apercevez pas que je suis en colère, que je dis des choses qui ne sont pas justes et que dans un instant je serai désolée d'avoir dites. »

Cela est arrivé bien souvent à propos de moi ; si elle croyait avoir à s'en plaindre, elle éclatait en reproches terribles, et, j'ose le dire fort peu mérités. Pierret ou quelque autre voulait-il qu'elle eût raison : « Vous en avez menti, s'écriait-elle, ma fille est excellente, je ne connais rien de meilleur qu'elle, et vous aurez beau faire, je l'aimerai plus que vous. »

Elle était rusée comme un renard et tout à coup naïve comme un enfant. Elle mentait sans le savoir de la meilleure foi du monde. Son imagination et l'ardeur de son sang l'emportant toujours, elle vous accusait des plus incroyables méfaits, et puis tout à coup s'arrêtait et disait : « Mais ce n'est pas vrai, ce que je dis là ; non, il n'y a pas un mot de vrai, je l'ai rêvé ! »

CHAPITRE QUINZIÈME

Ma mère. — Une rivière dans une chambre. — Ma grand'-
mère. — Deschartres. — La médecine de Deschartres. —
Écriture hiéroglyphique. — Premières lectures. — Contes
de fées, mythologie. — La *nymphe* et la *bacchante*. —
Mon grand-oncle. — Le chanoine de *Consuelo*. — Différence de la *vérité* et de la *réalité* dans les arts. — La fête
de ma grand'mère. — Premières études et impressions
musicales.

J'ai tracé avec vérité, je crois, le caractère de ma mère, je ne puis passer outre, dans le récit de ma vie, sans me rendre compte, autant qu'il est en moi, de l'importance que ce caractère exerça sur le mien.

On pense bien qu'il m'a fallu du temps pour apprécier une nature si singulière et si remplie de contradictions, d'autant plus qu'au sortir de mon enfance nous avons peu vécu ensemble. Dans la première période de ma vie, je ne connus d'elle que son amour pour moi, amour immense, et que plus tard elle avoua avoir combattu en elle pour se résigner à notre séparation; mais cet amour n'était pas de la même nature que le mien. Il était plus tendre chez moi, plus passionné chez elle, et déjà elle me corrigeait vertement pour de petits méfaits que sa préoccupation avait laissés longtemps passer impunément, et dont par conséquent je ne me sentais pas coupable. J'ai toujours été d'une déférence extrême avec elle, et elle disait toujours qu'il n'y avait pas au monde une personne plus douce et plus aimable que moi ; cela n'était vrai que pour elle. Je ne suis point meilleure qu'une autre, mais j'étais véritablement bonne avec elle, et je lui obéissais sans pourtant la craindre, quelque rude qu'elle fût. Enfant insupportable avec les autres, j'étais soumise avec elle parce que j'avais du plaisir à l'être. Elle était alors pour moi un oracle, c'était elle qui m'avait donné les premières notions de la vie, et elle me les avait données conformes aux besoins intellectuels que m'avait créés la nature. Mais, par distraction et par oubli, les enfants font souvent ce qu'on leur a défendu et ce qu'ils n'ont point résolu de faire. Elle me grondait et me frappait alors comme si ma désobéissance eût été volontaire, et je l'aimais tant que j'étais véritablement au désespoir de lui avoir déplu. Il ne me vint jamais à l'esprit, dans ce temps-là, qu'elle pût être injuste. Jamais je n'eus ni rancune ni aigreur contre elle. Quand elle s'apercevait qu'elle avait été trop loin, elle me prenait dans ses bras, elle pleurait, elle m'accablait de caresses. Elle me disait même qu'elle

CHAPITRE QUINZIÈME.

avait eu tort, elle craignait de m'avoir fait du mal, et moi, j'étais si heureuse de retouver sa tendresse, que je lui demandais pardon des coups qu'elle m'avait administrés.

Comment sommes-nous faits? Si ma grand'mère eût déployé avec moi la centième partie de cette rudesse irréfléchie, je serais entrée en pleine révolte. Je la craignais pourtant beaucoup plus, et un mot d'elle me faisait pâlir; mais je ne lui eusse pas pardonné la moindre injustice, et toutes celles de ma mère passaient inaperçues et augmentaient mon amour.

Un jour entre autres, je jouais dans sa chambre avec Ursule et Hippolyte, tandis qu'elle dessinait. Elle était tellement absorbée par son travail, qu'elle ne nous entendait pas faire notre vacarme accoutumé. Nous avions trouvé un jeu qui passionnait nos imaginations. Il s'agissait de passer la rivière. La rivière était dessinée sur le carreau avec de la craie et faisait mille détours dans cette grande chambre. En de certains endroits elle était fort profonde, il fallait trouver l'endroit guéable et ne pas se tromper. Hippolyte s'était déjà noyé plusieurs fois, nous l'aidions à se retirer des grands trous où il tombait toujours, car il faisait le rôle du maladroit ou de l'homme ivre, et il nageait à sec sur le carreau en se débattant et en se lamentant. Pour les enfants ces jeux-là sont tout un drame, toute une fiction scénique, parfois tout un roman, tout un poeme, tout un voyage, qu'ils miment et rêvent durant des heures entières, et dont l'illusion les gagne et les saisit véritablement. Pour mon compte, il ne me fallait pas cinq minutes pour m'y plonger de si bonne foi, que je perdais la notion de la réalité, et je croyais voir les arbres, les eaux, les rochers, une vaste campagne, et le ciel tantôt clair, tantôt chargé de nuages qui allaient crever et augmenter le danger de passer la rivière. Dans quel vaste espace les enfants croient agir, quand ils vont ainsi de la table au lit et de la cheminée à la porte !

Nous arrivâmes, Ursule et moi, au bord de notre rivière, dans un endroit où l'herbe était fine et le sable doux. Elle le tâta d'abord, et puis elle m'appela en me disant : « Vous pouvez vous y risquer, vous n'en aurez guère plus haut que les genoux. » Les enfants s'appellent *vous* dans ces sortes de mimodrames. Ils ne croiraient pas jouer une scène s'ils se tutoyaient comme à l'ordinaire. Ils représentent toujours certains personnages qui expriment des caractères, et ils suivent très-bien la première donnée. Ils ont même des dialogues très-vrais et que des acteurs de profession seraient bien embarrassés d'improviser sur la scène avec tant d'à-propos et de fécondité.

Sur l'invitation d'Ursule, je lui observai que, puisque l'eau était basse, nous pouvions bien passer

CHAPITRE QUINZIÈME.

sans nous mouiller ; il ne s'agissait que de relever un peu nos jupes et d'ôter nos chaussures. « Mais, dit-elle, si nous rencontrons des écrevisses, elles nous mangeront les pieds. — C'est égal, lui dis-je ; il ne faut pas mouiller nos souliers, nous devons les ménager, car nous avons encore bien du chemin à faire. »

A peine fus-je déchaussée, que le froid du carreau me fit l'effet de l'eau véritable, et nous voilà, Ursule et moi, pataugeant dans le ruisseau. Pour ajouter à l'illusion générale, Hippolyte imagina de prendre le pot à l'eau et de le verser par terre, imitant ainsi un torrent et une cascade. Cela nous sembla délirant d'invention. Nos rires et nos cris attirèrent enfin l'attention de ma mère. Elle nous regarda, et nous vit tous les trois, pieds et jambes nus, barbotant dans un cloaque, car le carreau avait déteint, et notre fleuve était fort peu limpide. Alors elle se fâcha tout de bon, surtout contre moi, qui étais déjà enrhumée ; elle me prit par le bras, m'appliqua une correction manuelle assez accentuée, et m'ayant rechaussée elle-même, en me grondant beaucoup, elle chassa Hippolyte dans sa chambre, et nous mit en pénitence, Ursule et moi, chacune dans un coin. Tel fut le dénoûment imprévu et dramatique de notre représentation, et la toile tomba sur des larmes et des cris véritables.

Eh bien, je me rappellerai toujours ce dénoûment

comme une des plus pénibles commotions que j'aie ressenties. Ma mère me surprenait au plus fort de mon hallucination, et ces sortes de réveils me causaient toujours un ébranlement moral très-douloureux. Les coups ne me faisaient pourtant pas grande impression; j'en recevais souvent, et je savais parfaitement que ma mère, en me frappant, me faisait fort peu de mal. De quelque façon qu'elle me secouât et fît de moi un petit paquet qu'on pousse et qu'on jette sur un lit ou sur un fauteuil, ses mains adroites et souples ne me meurtrissaient pas, et j'avais cette confiance malicieuse qu'ont tous les enfants, que la colère de leurs parents est prudente, et qu'on a plus peur de les blesser qu'ils n'ont peur de l'être. Cette fois, comme les autres, ma mère me voyant désespérée de son courroux, me fit mille caresses pour me consoler. Elle aurait eu tort peut-être avec certains enfants orgueilleux et vindicatifs; mais elle avait raison avec moi, qui n'ai jamais connu la rancune, et qui trouve encore qu'on se punit soi-même en ne pardonnant pas à ceux qu'on aime.

Pour en revenir aux rapports qui s'établirent entre ma mère et ma grand'mère après la mort de mon père, je dois dire que l'espèce d'antipathie naturelle qu'elles éprouvaient l'une pour l'autre ne fut jamais qu'à demi vaincue, ou plutôt elle fut vaincue entièrement par intervalles, suivis de réactions assez vives. De loin, elles se haïssaient toujours et ne pouvaient s'empêcher de dire du mal l'une de l'autre. De près, elles ne pouvaient s'empêcher de se plaire ensemble, car chacune avait en elle un charme puissant, tout opposé à celui de l'autre. Cela venait du fonds de justice et de droiture qu'elles avaient toutes deux, et de leur grande intelligence, qui ne leur permettait pas de méconnaître ce qu'elles avaient d'excellent. Les préjugés de ma grand'mère n'étaient pas en elle-même, ils étaient dans son entourage. Elle avait beaucoup de faiblesse pour certaines personnes et ménageait en elles des opinions qu'au fond de son âme elle ne partageait pas. Ainsi, devant ses vieilles amies, elle abandonnait ma mère absente à leurs anathèmes et semblait vouloir se justifier de l'avoir accueillie dans son intimité et de la traiter comme sa fille. Et puis, quand elle se retrouvait avec elle, elle oubliait le mal qu'elle venait d'en dire, et lui montrait une confiance et une sympathie dont j'ai été mille fois témoin, et qui n'étaient pas feintes, car ma grand'mère était la personne la plus sincère et la plus loyale que j'aie jamais connue. Mais toute grave et froide qu'elle paraissait, elle était impressionnable ; elle avait besoin d'être aimée, et les moindres attentions la trouvaient sensible et reconnaissante.

Combien de fois je lui ai entendu dire en parlant de ma mère : « Elle a de la grandeur dans le caractère. Elle est charmante. Elle a un maintien parfait. Elle est généreuse et donnerait sa chemise aux pauvres. Elle est libérale comme une grande dame et simple comme un enfant. » Mais dans d'autres moments, se rappelant toutes ses jalousies maternelles, et les sentant survivre à l'objet qui les avait causées, elle disait : « C'est un démon, c'est une folle. Elle n'a jamais été aimée de mon fils, elle le dominait, elle le rendait malheureux. Elle ne le regrette pas. » Et mille autres plaintes qui n'étaient pas fondées, mais qui la soulageaient d'une secrète et incurable amertume.

Ma mère agissait absolument de même. Quand le temps était au beau entre elles, elle disait : « C'est une femme supérieure. Elle est encore belle comme un ange ; elle sait tout. Elle est si douce et si bien élevée qu'il n'y a jamais moyen de se fâcher avec elle, et si elle vous dit quelquefois une parole qui pique, au moment où la colère vous prend, elle vous en dit une autre qui vous donne envie de l'embrasser. Si on pouvait la débarrasser de ses *vieilles comtesses*, elle serait adorable. »

Mais quand l'orage grondait dans l'âme impétueuse de ma mère, c'était tout autre chose. La vieille belle-mère était une prude et une hypocrite. Elle était sèche et sans pitié. Elle était encroûtée dans ses idées de l'ancien régime, etc. Et alors malheur aux vieilles amies qui avaient causé une altercation domestique par leurs propos et leurs réflexions! Les vieilles comtesses c'étaient les bêtes de l'Apocalypse pour ma mère, et elle les habillait de la tête aux pieds avec une verve et une causticité qui faisaient rire ma grand'mère elle-même, malgré qu'elle en eût.

Deschartres, il faut bien le dire, était le principal obstacle à leur complet rapprochement. Il ne put jamais prendre son parti là-dessus, et il ne laissait pas tomber la moindre occasion de raviver les anciennes douleurs. C'était sa destinée. Il a toujours été rude et désobligeant pour les êtres qu'il chérissait, comment ne l'eût-il pas été pour ceux qu'il haïssait? Il ne pardonnait pas à ma mère de l'avoir emporté sur lui dans l'influence à laquelle il prétendait sur l'esprit et le cœur de son cher Maurice. Il la contredisait et essayait de la molester à tout propos; et puis il s'en repentait et s'efforçait de réparer ses grossièretés par des prévenances gauches et ridicules. Il semblait parfois qu'il fût amoureux d'elle. Et qui sait s'il ne l'était pas? Le cœur humain est si bizarre et les hommes austères si inflammables! Mais il eût dévoré quiconque le lui eût dit. Il avait la prétention d'être supérieur à toutes les faiblesses humaines. D'ailleurs ma mère recevait si mal ses avances et lui faisait expier ses torts par de si cruelles railleries, que l'ancienne haine lui revenait toujours, augmentée de tout le dépit des nouvelles luttes.

Quand on paraissait au mieux ensemble et que Deschartres faisait peut-être tous ses efforts pour se rendre moins maussade, il essayait d'être taquin et gentil, et Dieu sait comme il s'y entendait, le pauvre homme ! Alors ma mère se moquait de lui avec tant de malice et d'esprit qu'il perdait la tête, devenait brutal, blessant, et que ma grand'mère était obligée de lui donner tort et de le faire taire.

Ils jouaient aux cartes le soir, tous les trois, et Deschartres, qui prétendait exceller dans tous les jeux et qui les jouait tous fort mal, perdait toujours. Je me souviens qu'un soir, exaspéré d'être gagné obstinément par ma mère, qui ne calculait rien, mais qui, par instinct et par inspiration, était toujours heureuse, il entra dans une fureur épouvantable, et lui dit en jetant ses cartes sur la table : « On devrait vous les jeter au nez pour vous apprendre à gagner en jouant si mal ! » Ma mère se leva tout en colère et allait répondre, lorsque ma bonne maman dit avec son grand air calme et sa voix douce : « Deschartres, si vous faisiez une pareille chose, je vous assure que je vous donnerais un grand soufflet. »

Cette menace d'un soufflet, faite d'un ton si paisible, et d'un *grand soufflet*, venant de cette belle main à demi paralysée, si faible qu'elle pouvait à peine soutenir ses cartes, était la chose la plus comique qui se puisse imaginer. Aussi ma mère partit

CHAPITRE QUINZIÈME.

d'un rire inextinguible et se rassit, incapable de rien ajouter à la stupéfaction et à la mortification du pauvre pédagogue.

Mais cette anecdote eut lieu bien longtemps après la mort de mon père. Il se passa de longues années avant qu'on entendît dans cette maison en deuil d'autres rires que ceux des enfants.

Pendant ces années, une vie calme et réglée, un bien-être physique que je n'avais jamais connu, un air pur que j'avais rarement respiré à pleins poumons, me firent peu à peu une santé robuste, et l'excitation nerveuse cessant, mon humeur devint égale et mon caractère enjoué. On s'aperçut que je n'étais pas un enfant plus méchant qu'un autre ; et la plupart du temps il est certain que les enfants ne sont acariâtres et fantasques que parce qu'ils souffrent sans pouvoir ou sans vouloir le dire.

Pour ma part, j'avais été si dégoûtée par les remèdes, et, à cette époque, on en faisait un tel abus, que j'avais pris l'habitude de ne jamais me plaindre de mes petites indispositions, et je me souviens d'avoir été souvent près de m'évanouir au milieu de mes jeux, et d'avoir lutté avec un stoïcisme que je n'aurais peut-être pas aujourd'hui. C'est que quand j'étais remise à la science de Deschartres, je devenais réellement la victime de son système, qui était de donner de l'émétique à tout propos. Il était habile chirurgien, mais il n'entendait rien à la médecine, et appliquait ce maudit émétique à tous les maux. C'était sa panacée universelle. J'étais et j'ai toujours été d'un tempérament très-bilieux, mais si j'avais eu toute la bile dont Deschartres prétendait me débarrasser, je n'aurais jamais pu vivre. Étais-je pâle, avais-je mal à la tête, c'était la bile, et vite l'émétique, qui produisait chez moi d'affreuses convulsions sans vomissements et qui me brisait pour plusieurs jours. De son côté, ma mère croyait aux vers, c'était encore une préoccupation de la médecine dans ce temps-là. Tous les enfants avaient des vers et on les bourrait de vermifuges, affreuses médecines noires qui leur causaient des nausées et leur ôtaient l'appétit. Alors, pour rendre l'appétit, on administrait la rhubarbe. Et puis, avais-je une piqûre de cousin, ma mère croyait voir reparaître la gale, et le soufre était de nouveau mêlé à tous mes aliments. Enfin c'était une droguerie perpétuelle, et il faut que la génération à laquelle j'appartiens ait été bien fortement constituée pour résister à tous les soins qu'on a pris pour la conserver.

C'est vers l'âge de cinq ans que j'appris à écrire. Ma mère me faisait faire de grandes pages de *bâtons* et de *jambages*. Mais, comme elle écrivait elle-même comme un chat, j'aurais barbouillé bien du papier avant de savoir signer mon nom, si je n'eusse pris le parti de chercher moi-même un moyen d'exprimer ma pensée par des signes quelconques. Je me sentais fort ennuyée de copier tous les jours un alphabet et de tracer des pleins et des déliés en caractères d'affiche. J'étais impatiente d'écrire des phrases, et, dans mes récréations, qui étaient longues comme on peut croire, je m'exerçais à écrire des lettres à Ursule, à Hippolyte et à ma mère. Mais je ne les montrais pas, dans la crainte qu'on ne me défendît de me *gâter la main* à cet exercice. Je vins bientôt à bout de me faire une orthographe à mon usage. Elle était très-simplifiée et chargée d'hiéroglyphes. Ma grand'mère surprit une de ces lettres et la trouva très-drôle. Elle prétendit que c'était merveille de voir comme j'avais réussi à exprimer mes petites idées avec ces moyens barbares, et elle conseilla à ma mère de me laisser griffonner seule tant que je voudrais. Elle disait avec raison qu'on perd beaucoup de temps à vouloir donner une belle écriture aux enfants, et que pendant ce temps-là ils ne songent point à quoi sert l'écriture. Je fus donc livrée à mes propres recherches, et quand les pages *de devoir* étaient finies, je revenais à mon système naturel. Longtemps j'écrivis en lettres d'imprimerie, comme celles que je voyais dans les livres, et je ne me rappelle pas comment j'arrivai à employer l'écriture de tout le monde, mais ce que je me rappelle, c'est que je fis comme ma mère, qui apprenait l'orthographe en faisant attention à la manière dont les mots imprimés étaient composés. Je comptais les lettres, et je ne sais par quel instinct j'appris de moi-même les règles principales. Lorsque, plus tard, Deschartres m'enseigna la grammaire, ce fut l'affaire de deux ou trois mois ; car chaque leçon n'était que la confirmation de ce que j'avais observé et appliqué déjà.

A sept ou huit ans, je mettais donc l'orthographe, non pas très-correctement, cela ne m'est jamais arrivé, mais aussi bien que la majorité des Français qui l'ont apprise.

Ce fut en apprenant seule à écrire que je parvins à comprendre ce que je lisais. C'est ce travail qui me força à m'en rendre compte ; car j'avais su lire avant de pouvoir comprendre la plupart des mots et de saisir le sens des phrases. Chaque jour cette révélation agrandit son petit cadre, et j'en vins à pouvoir lire seule un conte de fées.

Quel plaisir ce fut pour moi qui les avais tant aimés et à qui ma pauvre mère n'en faisait plus, depuis que le chagrin pesait sur elle ! Je trouvai à Nohant les contes de madame d'Aulnoy et de Perrault dans une vieille édition qui a fait mes délices pendant cinq ou six années. Ah ! quelles heures m'ont fait passer l'*Oiseau bleu*, le *Petit Poucet*, *Peau d'Ane*, *Belle-Belle* ou le *Chevalier fortuné*, *Serpentin vert*, *Babiole*, et la *Souris bienfaisante* ! Je ne les ai jamais relus depuis, mais je pourrais tous les raconter d'un bout à l'autre, et je ne crois pas que rien puisse être comparé, dans la suite de notre vie intellectuelle, à ces premières jouissances de l'imagination.

Je commençais aussi à lire moi-même mon *Abrégé de Mythologie grecque*, et j'y prenais grand plaisir ; car cela ressemble aux contes de fées par certains côtés. Mais il y en avait d'autres qui me plaisaient moins ; dans tous ces mythes, les symboles sont sanglants au milieu de leur poésie, et j'aimais mieux les dénoûments heureux de mes contes. Pourtant les nymphes, les zéphyrs, l'écho, toutes ces personnifications des riants mystères de la nature tournaient mon cerveau vers la poésie, et je n'étais pas encore assez esprit fort pour ne pas espérer parfois de surprendre les napées et les dryades dans les bois et dans les prairies.

Il y avait dans notre chambre un papier de tenture qui m'occupait beaucoup. Le fond était vert foncé uni, très-épais, verni, et tendu sur toile. Cette manière d'isoler les papiers de la muraille assurait aux souris un libre parcours, et il se passait, le soir, derrière ce papier, des scènes de l'autre monde, des courses échevelées, des grattements furtifs et de petits cris fort mystérieux. Mais ce n'était pas là ce qui m'occupait le plus. C'était la bordure et les ornements qui entouraient les panneaux. Cette bordure était large d'un pied et représentait une guirlande de feuilles de vigne s'ouvrant par intervalles pour encadrer une suite de médaillons où l'on voyait rire, boire et danser des Silènes et des bacchantes. Au-dessus de chaque porte il y avait un médaillon plus grand que les autres, représentant une figurine, et ces figurines me paraissaient incomparables. Elles n'étaient pas pareilles. Celle que je voyais le matin en m'éveillant était une nymphe ou une Flore dansante. Elle était vêtue de bleu pâle, couronnée de roses, et agitait dans ses mains une guirlande de fleurs. Celle-là me plaisait énormément. Mon premier regard, le matin, était pour elle. Elle semblait me rire et m'inviter à me lever pour aller courir et folâtrer en sa compagnie.

Celle qui lui faisait vis-à-vis et que je voyais, le jour, de ma table de travail, et le soir, en faisant mes prières avant d'aller me coucher, était d'une expression toute différente, elle ne riait ni ne dansait. C'était une bacchante grave. Sa tunique était verte, sa couronne était de pampres, et son bras étendu s'appuyait sur un thyrse. Ces deux figures représentaient peut-être le Printemps et l'Automne. Quoi qu'il en soit, ces deux personnages, d'un pied de haut environ, me causaient une vive impression. Ils étaient peut-être aussi pacifiques et aussi insignifiants l'un que l'autre; mais, dans mon cerveau, ils offraient le contraste bien tranché de la gaieté et de la tristesse, de la bienveillance et de la sévérité. Je regardais la bacchante avec étonnement, j'avais

CHAPITRE QUINZIÈME.

lu l'histoire d'Orphée déchiré par ces cruelles, et le soir, quand la lumière vacillante éclairait le bras étendu et le thyrse, je croyais voir la tête du divin chantre au bout d'un javelot.

Mon petit lit était adossé à la muraille de manière que je ne visse point cette figure qui me tourmentait. Comme personne ne se doutait pourtant de ma prévention contre elle, l'hiver étant venu, ma mère changea mon lit de place pour le rapprocher de la cheminée, et de là je tournais le dos à ma nymphe bien-aimée pour ne voir que la ménade redoutable. Je ne me vantai pas de ma faiblesse, je commençais à avoir honte de cela; mais comme il me semblait que cette diablesse me regardait obstinément et me menaçait de son bras immobile, je mis ma tête sous les couvertures pour ne pas la voir en m'endormant. Ce fut inutile, au milieu de la nuit elle se détacha du médaillon, glissa le long de la porte, devint aussi grande qu'une *personne naturelle,* comme disent les enfants, et, marchant à la porte d'en face, elle essaya d'arracher la jolie nymphe de son médaillon. Celle-ci poussait des cris déchirants; mais la bacchante ne s'en souciait pas. Elle tourmenta et déchira le papier jusqu'à ce que la nymphe s'en détacha et s'enfuit au milieu de la chambre. L'autre l'y poursuivit, et la pauvre nymphe échevelée s'étant précipitée sur mon lit pour se cacher sous mes rideaux, la bacchante furieuse vint vers moi et nous perça toutes deux de son thyrse, qui était devenu une lance acérée, et dont chaque coup était pour moi une blessure dont je sentais la douleur.

Je criai, je me débattis, ma mère vint à mon secours; mais tandis qu'elle se levait, bien que je fusse assez éveillée pour le constater, j'étais encore assez endormie pour voir la bacchante. Le réel et le chimérique étaient simultanément devant mes yeux, et je vis distinctement la bacchante s'atténuer, s'éloigner, à mesure que ma mère s'approchait d'elle, devenir petite comme elle l'était dans son médaillon, grimper le long de la porte comme eût fait une souris et se replacer dans son cadre de feuilles de vigne, où elle reprit sa pose accoutumée et son air grave.

Je me rendormis, et je vis cette folle qui faisait encore des siennes. Elle courait tout le long de la bordure, appelant tous les Silènes et toutes les autres bacchantes qui étaient attablés ou occupés à se divertir dans les médaillons, et elle les forçait à danser avec elle et à casser tous les meubles de la chambre.

Peu à peu le rêve devint très-confus, et j'y pris une sorte de plaisir. Le matin, à mon réveil, je vis la bacchante au lieu de la nymphe vis-à-vis de moi, et comme je ne me rendais plus compte de la nouvelle place que mon lit occupait dans la chambre, je crus un instant qu'en retournant à leurs médaillons les deux petites personnes s'étaient trompées et avaient changé de porte ; mais cette hallucination se dissipa aux premiers rayons du soleil, et je n'y pensai plus de la journée.

Le soir mes préoccupations revinrent, et il en fut ainsi pendant fort longtemps. Tant que durait le jour il m'était impossible de prendre au sérieux ces deux figurines coloriées dans le papier, mais les premières ombres de la nuit troublaient mon cerveau, et je n'osais plus rester seule dans la chambre. Je ne le disais pas, car ma grand'mère raillait la poltronnerie, et je craignais qu'on ne lui racontât ma sottise ; mais j'avais presque huit ans que je ne pouvais pas encore regarder tranquillement la bacchante avant de m'endormir. On ne s'imagine pas tout ce que les enfants portent de bizarreries contenues et d'émotions cachées dans leur petite cervelle.

Le séjour à Nohant de mon grand-oncle l'abbé de Beaumont fut pour mes deux mères une grande consolation, une sorte de retour à la vie. C'était un caractère enjoué, un peu insouciant, comme le sont les vieux garçons, un esprit remarquable, plein de ressources et de fécondité, un caractère à la fois égoïste et généreux ; la nature l'avait fait sensible et ardent, le célibat l'avait rendu personnel ; mais sa personnalité était si aimable, si gracieuse et si séduisante, qu'on était forcé de lui savoir gré de ne pas partager vos peines au point de n'avoir pas la force d'essayer de vous en distraire. C'était le plus beau vieillard que j'aie vu de ma vie. Il avait la peau blanche et fine, l'œil doux et les traits réguliers et nobles de ma grand'mère; mais il avait encore plus de pureté dans les lignes, et sa physionomie était plus animée. A cette époque il portait encore des ailes de pigeon bien poudrées et la queue à la prussienne. Il était toujours en culottes de satin noir, en souliers à boucles, et quand il mettait par-dessus son habit sa grande douillette de soie violette piquée et ouatée, il avait l'air solennel d'un portrait de famille.

Il aimait ses aises, et son intérieur était d'un vieux luxe confortable; sa table était raffinée comme son appétit. Il était despote et impérieux en paroles; doux, libéral et faible par le fait. J'ai souvent pensé à lui en esquissant le portrait d'un certain chanoine qui a été goûté dans le roman de *Consuelo*. Comme lui, bâtard d'un grand personnage, il était friand, impatient, railleur, amoureux des beaux-arts, magnifique, candide et malin en même temps, irascible et débonnaire. J'ai beaucoup chargé la ressemblance pour les besoins du roman, et c'est ici le cas de dire que les portraits tracés de cette sorte ne sont plus des portraits; c'est pourquoi lorsqu'ils paraissent blessants à ceux qui croient s'y reconnaître, c'est une injustice commise envers l'auteur et envers soi-même. Un portrait de roman, pour valoir quelque chose, est toujours une figure de fantaisie. L'homme est si peu logique, si rempli de contrastes et de disparates dans la réalité, que la peinture d'un homme réel serait impossible et tout à fait insoutenable dans un ouvrage d'art. Le roman entier serait forcé de se plier aux exigences de ce caractère, et ce ne serait plus un roman. Cela n'aurait ni exposition, ni intrigue, ni nœud, ni dénoûment; cela irait tout de travers comme la vie et n'intéresserait personne, parce que chacun veut trouver dans un roman une sorte d'idéal de la vie.

C'est donc une bêtise que de croire qu'un auteur ait voulu faire aimer ou haïr telle ou telle personne en donnant à ses personnages quelques traits saisis sur la nature; la moindre différence en fait un être de convention, et je soutiens qu'en littérature on ne peut faire d'une figure *réelle* une peinture *vraisemblable* sans se jeter dans d'énormes différences, et sans dépasser extrêmement, en bien ou en mal, les défauts et les qualités de l'être humain qui a pu servir de premier type à l'imagination. C'est absolument comme le jeu des acteurs, qui ne paraît vrai sur la scène qu'à la condition de dépasser ou d'atténuer beaucoup la réalité. Caricature ou idéalisation, ce n'est plus le modèle primitif, et ce modèle a peu de jugement s'il croit se reconnaître, s'il prend du dépit ou de la vanité en voyant ce que l'art ou la fantaisie ont su faire de lui.

Lavater disait (ce ne sont pas ses expressions, mais c'est sa pensée) : « On oppose à mon système un argument que je nie. On dit qu'un scélérat ressemble parfois à un honnête homme, et réciproquement. Je réponds que si on se trompe à cette ressemblance, c'est qu'on ne sait pas observer, c'est qu'on ne sait pas voir. Il peut exister certainement entre l'honnête homme et le scélérat une ressemblance vulgaire, apparente ; il n'y a peut-être même qu'une petite ligne, un léger pli, un *rien,* qui constitue la dissemblance. *Mais ce rien est tout!* »

Ce que Lavater disait à propos des différences dans la réalité physique est encore plus vrai quand on l'applique à la vérité relative dans les arts. La musique n'est pas de l'harmonie imitative, du moins l'harmonie imitative n'est pas de la musique. La couleur en peinture n'est qu'une interprétation, et la reproduction exacte des tons réels n'est pas de la couleur. Les personnages de roman ne sont donc pas des figures ayant un modèle existant. Il faut avoir connu mille personnes pour en peindre une seule. Si on n'en avait étudié qu'une seule et qu'on voulût en faire un type exact, elle ne ressemblerait à rien et ne paraîtrait pas possible.

J'ai fait cette digression pour n'y pas revenir plus tard ; elle n'est même pas nécessaire au rapprochement qu'on pourrait faire entre mon oncle de Beaumont et mon chanoine de *Consuelo*, car j'ai peint un chanoine chaste, et mon grand-oncle se piquait de tout le contraire. Il avait eu de très-belles aventures, et il eût été bien fâché de n'en point avoir. Il y avait mille autres différences que je n'ai pas besoin d'indiquer, ne fût-ce que celle de la gouvernante de mon roman, qui n'a pas le moindre trait de la gouvernante de mon grand-oncle. Celle-ci était dévouée, sincère, excellente. Elle lui a fermé les yeux, et elle a hérité de lui, ce qui lui était bien dû, et pourtant mon oncle lui parlait quelquefois comme le chanoine parle à *dame Brigitte* dans mon roman. Il n'y a donc rien de moins réel que ce qui paraît le plus vrai dans un ouvrage d'art.

Mon grand-oncle n'avait à l'égard des femmes aucune espèce de *préjugés*. Pourvu qu'elles fussent belles et bonnes, il ne leur demandait compte ni de leur naissance, ni de leur passé. Aussi avait-il entièrement accepté ma mère, et il lui témoigna toute sa vie une affection paternelle. Il la jugeait bien, et la traitait comme un enfant de bon cœur et de mauvaise tête, la grondant, la consolant, la défendant avec énergie quand on était injuste envers elle, la réprimant avec sévérité quand elle était injuste envers les autres. Il fut toujours un médiateur équitable, un conciliateur persuasif entre elle et ma grand'mère. Il la préservait des boutades de Deschartres en donnant tort ouvertement à celui-ci, sans que jamais il pût se fâcher ni se révolter contre le protectorat ferme et enjoué du grand-oncle.

La légèreté de cet aimable vieillard était donc un bienfait au milieu de nos amertumes domestiques, et j'ai souvent remarqué que tout est bon dans les personnes qui sont bonnes, même leurs défauts apparents. On s'imagine d'avance qu'on en souffrira, et puis il arrive peu à peu qu'on en profite, et que ce qu'elles ont en plus ou en moins dans un certain sens corrige ce que nous avons en moins ou en plus dans le sens contraire. Elles rendent l'équilibre à notre vie, et nous nous apercevons que les tendances que nous leur avons reprochées étaient très-nécessaires pour combattre l'abus ou l'excès des nôtres.

La sérénité et l'enjouement du grand-oncle parurent donc un peu choquants dans les premiers jours. Il regrettait pourtant très-sincèrement son cher Maurice; mais il voulait distraire ces deux femmes désolées, et il y parvint.

Bientôt on ressuscita un peu avec lui. Il avait tant d'esprit, tant d'activité dans les idées, tant de grâce à raconter, à railler, à amuser les autres en s'amusant lui-même, qu'il était impossible d'y résister. Il imagina de nous faire jouer la comédie pour la fête de ma grand'mère, et cette surprise lui fut ménagée de longue main. La grande pièce qui servait d'antichambre à la chambre de ma mère, et dans laquelle ma grand'mère, qui ne montait presque jamais l'escalier, ne risquait guère de surprendre nos apprêts, fut convertie en salle de spectacle. On dressa des planches sur des tonneaux, les acteurs, qui étaient Hippolyte, Ursule et moi, n'ayant pas la taille assez élevée pour toucher au plafond malgré cet exhaussement du sol. C'était une espèce de théâtre de marionnettes, mais il était charmant. Mon grand-oncle découpa, colla et peignit lui-même les décors. Il fit la pièce et nous enseigna nos rôles, nos couplets et nos gestes. Il se chargea de l'emploi de souffleur, Deschartres avec son flageolet fit office d'orchestre. On s'assura que je n'avais pas oublié le *bolero* espagnol, quoique depuis près de trois ans on ne me l'eût pas fait danser. Je fus donc chargée à moi seule de la partie du ballet, et le tout réussit à merveille. La pièce n'était ni longue ni compliquée. C'était un à-propos des plus naïfs, et le dénoûment était la présentation d'un gros bouquet à *Marie*. Hippolyte, comme le plus âgé et le plus savant, avait les plus longues tirades. Mais quand l'auteur vit que la meilleure mémoire de nous trois était celle d'Ursule et qu'elle avait un singulier plaisir à dégoiser son rôle avec aplomb, il allongea ses répliques et montra notre babillarde drôlette sous son véritable aspect. C'est ce qu'il y eut de meilleur dans la pièce. Elle y conservait son surnom de Caquet bon bec, et y adressait à la bonne maman un compliment de longue haleine et des couplets qui ne finissaient pas.

Je ne dansai pas mon boléro avec moins d'assurance. La timidité et la gaucherie ne m'étaient pas encore venues, et je me souviens que Deschartres m'impatientant, parce que, soit émotion, soit incapacité, il ne jouait ni juste ni dans le rhythme, je terminai le ballet par une improvisation d'entrechats et de pirouettes qui fit rire ma grand'mère aux éclats. C'était tout ce que l'on voulait, car il y avait environ trois ans que la pauvre femme n'avait souri. Mais tout à coup, comme effrayée d'elle-même, elle fondit en larmes, et l'on se hâta de me prendre par les pattes au milieu de mon délire chorégraphique, de me faire passer par-dessus la rampe et de m'apporter sur ses genoux pour y recevoir mille baisers arrosés de pleurs.

Vers la même époque, ma grand'mère commença à m'enseigner la musique. Malgré ses doigts à moitié paralysés et sa voix cassée, elle chantait encore admirablement, et les deux ou trois accords qu'elle pouvait faire pour s'accompagner étaient d'une harmonie si heureuse et si large, que quand elle s'enfermait dans sa chambre pour relire quelque vieux opéra à la dérobée, et qu'elle me permettait de rester auprès d'elle, j'étais dans une véritable extase. Je m'asseyais par terre sous le vieux clavecin, où Brillant, son chien favori, me permettait de parta-

CHAPITRE QUINZIÈME.

ger un coin de tapis, et j'aurais passé là ma vie entière, tant cette voix chevrotante et le son criard de cette épinette me charmaient. C'est qu'en dépit des infirmités de cette voix et de cet instrument, c'était de la belle musique admirablement comprise et sentie. J'ai bien entendu chanter depuis, et avec des moyens magnifiques; mais si j'ai entendu quelque chose de plus, je puis dire que ce n'a jamais été quelque chose de mieux. Elle avait su beaucoup de musique des maîtres, et elle avait connu Gluck et Piccini, pour lesquels elle était restée impartiale, disant que chacun avait son mérite et qu'il ne fallait pas comparer, mais apprécier les individualités. Elle savait encore par cœur des fragments de Leo, de Hasse et de Durante que je n'ai jamais entendu chanter qu'à elle, et que je ne saurais même désigner, mais que je reconnaîtrais si je les entendais de nouveau. C'étaient des idées simples et grandes, des formes classiques et calmes. Même dans les choses qui avaient été le plus de mode dans sa jeunesse, elle distinguait parfaitement le côté faible et n'aimait pas ce que nous appelons aujourd'hui le rococo. Son goût était pur, sévère et grave.

Elle m'enseigna les principes, et si clairement, que cela ne me parut pas la mer à boire. Plus tard, quand j'eus des maîtres, je n'y compris plus rien et je me dégoûtai de cette étude, à laquelle je ne me crus pas propre. Mais depuis j'ai bien senti que c'était la faute des maîtres plus que la mienne, et que si ma grand'mère s'en fût toujours mêlée exclusivement, j'aurais été musicienne, car j'étais bien organisée pour l'être, et je comprends le beau, qui, dans cet art, m'impressionne et me transporte plus que dans tous les autres.

CHAPITRE SEIZIÈME

Madame de Genlis. — Les *Battuécas*. — Les rois et les reines des contes de fées. — L'écran vert. — La grotte et la cascade. — Le vieux château. — Première séparation d'avec ma mère. — Catherine. — Effroi que me causaient l'âge et l'air imposant de ma grand'mère.

Ma petite cervelle était toujours pleine de poésie, et mes lectures me tenaient en haleine sous ce rapport. Berquin, ce vieux ami des enfants qu'on a, je crois, trop vanté, ne me passionna jamais. Quelquefois ma mère nous lisait tout haut des fragments de roman de madame de Genlis, cette bonne dame qu'on a trop oubliée, et qui avait un talent réel. Qu'importe aujourd'hui ses préjugés, sa demi-morale souvent fausse, et son caractère personnel qui ne semble pas avoir eu de parti pris entre l'ancien monde et le nouveau? Relativement au cadre qui a pesé sur elle, elle a peint aussi largement que possible. Son véritable naturel a dû être excellent, et il y a certain roman d'elle qui ouvre vers l'avenir des perspectives très-larges. Son imagination est restée fraîche sous les glaces de l'âge, et dans les détails elle est véritablement artiste et poëte.

Il existe d'elle un roman publié sous la restauration, un des derniers, je crois, qu'elle ait écrit, et dont je n'ai jamais entendu parler depuis cette époque. J'avais seize ou dix-sept ans quand je le lus, et je ne saurais dire s'il eut du succès. Je ne me le rappelle pas bien, mais il m'a vivement impressionnée et il a produit son effet sur toute ma vie. Ce roman est intitulé *les Battuécas*, et il est éminemment socialiste. Les *Battuécas* sont une petite tribu qui a existé, en réalité ou en imagination, dans une vallée espagnole cernée de montagnes inaccessibles. A la suite de je ne sais quel événement, cette tribu s'est renfermée volontairement en un lieu où la nature lui offre toutes les ressources imaginables, et où, depuis plusieurs siècles, elle se perpétue sans avoir aucun contact avec la civilisation extérieure. C'est une petite république champêtre, gouvernée par des lois d'un idéal naïf. On y est forcément vertueux. C'est l'âge d'or avec tout son bonheur et toute sa poésie. Un jeune homme, dont je ne sais plus le nom, et qui vivait là dans toute la candeur des mœurs primitives, découvre un jour, par hasard, le sentier perdu qui mène au monde moderne. Il se hasarde, il quitte sa douce retraite, le voilà lancé dans notre civilisation, avec la simplicité et la droiture de la logique naturelle. Il voit des palais, des armées, des théâtres, des œuvres d'art, une cour, des femmes du monde, des savants, des hommes célèbres; et son étonnement, son admiration tiennent du délire. Mais il voit aussi des mendiants, des orphelins abandonnés, des plaies étalées à la porte des églises, des hommes qui meurent de faim à la porte des riches. Il s'étonne encore plus. Un jour, il prend un pain sur l'étalage d'un boulanger pour le donner à une pauve femme qui pleure avec son enfant pâle et mourant dans les bras. On le traite de voleur, on le menace; ses amis le grondent et tâchent de lui expliquer ce que c'est que la propriété. Il ne comprend pas. Une belle dame le séduit, mais elle a des fleurs artificielles dans les cheveux, des fleurs qu'il a crues vraies et qui l'étonnent parce qu'elles sont sans parfum. Quand on lui explique que ce ne sont pas des fleurs, il s'effraye, il a peur de cette femme qui lui a semblé si belle, il craint qu'elle ne soit artificielle aussi.

Je ne sais plus combien de déceptions lui viennent quand il voit le mensonge, le charlatanisme, la convention, l'injustice partout. C'est le Candide ou le Huron de Voltaire, mais c'est conçu plus naïvement. C'est une œuvre chaste, sincère, sans amertume, et dont les détails ont une poésie infinie. Je crois que le jeune Battuécas retourne à sa vallée et recouvre sa vertu sans retrouver son bonheur, car il a bu à la coupe empoisonnée du siècle. Je ne voudrais pas relire ce livre, je craindrais de ne plus le trouver aussi charmant qu'il m'a semblé.

Autant qu'il m'en souvient, la conclusion de madame de Genlis n'est pas hardie, elle ne veut pas donner tort à la société, et à plusieurs égards elle a raison d'accepter l'humanité telle qu'elle est devenue par les lois mêmes du progrès. Mais il me semble qu'en général les arguments qu'elle place dans la bouche de l'espèce de mentor dont elle fait accompagner son héros à travers l'examen du monde moderne, sont assez faibles. Je les lisais sans plaisir et sans conviction, et l'on pense bien pourtant qu'à seize ans, sortant du cloître et encore soumise à la loi catholique, je n'avais pas de parti pris contre la société officielle. Les naïfs raisonnements du *Batluécas* me charmaient au contraire, et, chose bizarre, c'est peut-être à madame de Genlis, l'institutrice et l'amie de Louis-Philippe, que je dois mes premiers instincts socialistes et démocratiques.

Mais je me trompe, je les dois à la singularité de ma position, à ma naissance *à cheval* pour ainsi dire sur deux classes, à mon amour pour ma mère, contrarié et brisé par des préjugés qui m'ont fait souffrir avant que je pusse les comprendre. Je les dois aussi à mon éducation, qui fut tour à tour philosophique et religieuse, et à tous les contrastes que ma propre vie m'a présentés dès l'âge le plus tendre. J'ai donc été démocrate non-seulement par le sang que ma mère a mis dans mes veines, mais par les luttes que ce sang du peuple a soulevées dans mon cœur et dans mon existence, et si les livres ont fait de l'effet sur moi, c'est que leurs tendances ne faisaient que confirmer et consacrer les miennes.

Pourtant les princesses et les rois des contes de fées firent longtemps mes délices. C'est que, dans mes rêves d'enfant, ces personnages étaient le type de l'aménité, de la bienfaisance et de la beauté. J'aimais leur luxe et leurs parures, mais tout cela leur venait des fées, et ces rois-là n'ont rien de commun avec les rois véritables. Ils sont traités d'ailleurs fort cavalièrement par les génies, quand ils se conduisent mal, et à cet égard ils sont soumis à une justice plus sévère que celle des peuples.

Les fées et les génies! Où étaient-ils, ces êtres qui pouvaient tout, et qui, d'un coup de baguette, vous faisaient entrer dans un monde de merveilles? Ma mère ne voulut jamais me dire qu'ils n'existaient pas, et je lui en sais maintenant un gré infini. Ma grand'mère n'y eût pas été par quatre chemins si j'avais osé lui faire les mêmes questions. Toute pleine de Jean-Jacques et de Voltaire, elle eût démoli sans remords et sans pitié tout l'édifice enchanté de mon imagination. Ma mère procédait autrement. Elle ne m'affirmait rien, elle ne niait rien non plus. La raison venait bien assez vite à son gré, et déjà je pensais bien par moi-même que mes chimères ne se réaliseraient pas; mais si la porte de l'espérance n'était plus toute grande ouverte comme dans les premiers jours, elle n'était pas encore fermée à clef, il m'était permis de fureter autour et de tâcher d'y trouver une petite fente pour regarder à travers. Enfin je pouvais encore rêver tout éveillée, et je ne m'en faisais pas faute.

Je me souviens que, dans les soirs d'hiver, ma mère nous lisait tantôt du Berquin, tantôt les *Veillées du château,* par madame de Genlis, et tantôt d'autres fragments de livres à notre portée, mais dont je ne me souviens plus. J'écoutais d'abord attentivement. J'étais assise aux pieds de ma mère, devant le feu, et il y avait entre le feu et moi un vieux écran à pieds garni de taffetas vert. Je voyais un peu le feu à travers ce taffetas usé, et il y produisait de petites étoiles dont j'augmentais le rayonnement en clignant les yeux. Alors peu à peu je perdais le sens des phrases que lisait ma mère; sa voix me jetait dans une sorte d'assoupissement moral, où il m'était impossible de suivre une idée. Des images se dessinaient devant moi et venaient se fixer sur l'écran vert. C'étaient des bois, des prairies, des rivières, des villes d'une architecture bizarre et gigantesque, comme j'en vois encore souvent en songe; des palais enchantés avec des jardins comme il n'y en a pas, avec des milliers d'oiseaux d'azur, d'or et de pourpre, qui voltigeaient sur les fleurs et qui se laissaient prendre comme les roses se laissent cueillir. Il y avait des roses vertes, noires, violettes, des roses bleues surtout. Il paraît que la rose bleue a été longtemps le rêve de Balzac. Elle était aussi le mien dans mon enfance, car les enfants, comme les poëtes, sont amoureux de ce qui n'existe pas. Je voyais aussi des bosquets illuminés, des jets d'eau, des profondeurs mystérieuses, des ponts chinois, des arbres couverts de fruits d'or et de pierreries. Enfin, tout le monde fantastique de mes contes devenait sensible, évident, et je m'y perdais avec délices. Je fermais les yeux, et je le voyais encore; mais quand je les rouvrais, ce n'était que sur l'écran que je pouvais le retrouver. Je ne sais quel travail de mon cerveau avait fixé là cette vision plutôt qu'ailleurs; mais il est certain que j'ai contemplé sur cet écran vert des merveilles inouïes. Un jour ces apparitions devinrent si complètes, que j'en fus comme effrayée et que je demandai à ma mère si elle ne les voyait pas. Je prétendais qu'il y avait de grandes montagnes bleues sur l'écran, et elle me secoua sur ses genoux en chantant pour me ramener à moi-même. Je ne sais si ce fut pour donner un aliment à mon imagination trop excitée qu'elle imagina elle-même une création puérile, mais ravissante pour moi, et qui a fait longtemps mes délices. Voici ce que c'était.

Il y a dans notre enclos un petit bois planté de charmilles, d'érables, de frênes, de tilleuls et de lilas. Ma mère choisit un endroit où une allée tournante conduit à une sorte d'impasse. Elle pratiqua, avec l'aide d'Hippolyte, de ma bonne, d'Ursule et de moi, un petit sentier dans le fourré, qui était alors fort épais. Ce sentier fut bordé de violettes, de primevères et de pervenches qui depuis ce temps-là ont tellement prospéré, qu'elles ont envahi presque tout le bois. L'impasse devint donc un petit nid où un banc fut établi sous les lilas et les aubépines, et l'on allait étudier et répéter là ses leçons pendant le beau temps. Ma mère y portait son ouvrage, et nous y portions nos jeux, surtout nos pierres et nos briques pour construire des maisons, et nous donnions à ces édifices, Ursule et moi, des noms pompeux. C'était le château de la fée, c'était le palais de la *Belle au bois dormant*, etc. Voyant que nous ne venions pas à bout de réaliser nos rêves dans ces constructions grossières, ma mère quitta un jour son ouvrage et se mit de la partie. « Otez-moi, nous dit-elle, vos vilaines pierres à chaux et vos briques cassées. Allez me chercher des pierres bien couvertes de mousse, des cailloux roses, verts, des coquillages, et que tout cela soit joli, ou bien je ne m'en mêle pas. »

Voilà notre imagination allumée. Il s'agit de ne rien rapporter qui ne soit joli, et nous nous mettons à la recherche de ces trésors que jusque-là nous avions foulés aux pieds sans les connaître. Que de discussions avec Ursule pour savoir si cette mousse est assez veloutée, si ces pierres ont une forme heureuse, si ces cailloux sont assez brillants ! D'abord tout nous avait paru bon, mais bientôt la comparaison s'établit, les différences nous frappèrent, et peu à peu rien ne nous paraissait plus digne de notre construction nouvelle. Il fallut que la bonne nous conduisît à la rivière pour y trouver les beaux cailloux d'émeraude, de lapis et de corail qui brillent sous les eaux basses et courantes. Mais, à mesure qu'ils sèchent hors de leur lit, ils perdent leurs vives couleurs, et c'était une déception nouvelle. Nous les replongions cent fois dans l'eau pour en ranimer l'éclat. Il y a dans nos terrains des quartz superbes, et une quantité d'ammonites et de pétrifications antédiluviennes d'une grande beauté et d'une grande variété. Nous n'avions jamais fait attention à tout cela, et le moindre objet nous devenait une surprise, une découverte et une conquête.

Il y avait à la maison un âne, le meilleur âne que j'aie jamais connu ; je ne sais s'il avait été malicieux dans sa jeunesse comme tous ses pareils; mais il était vieux, très-vieux ; il n'avait plus ni rancunes ni caprices. Il marchait d'un pas grave et mesuré ; respecté pour son grand âge et ses bons services, il ne recevait jamais ni corrections ni reproches, et s'il était le plus irréprochable des ânes, on peut dire aussi qu'il était le plus heureux et le plus estimé. On nous mettait, Ursule et moi, chacune dans une de ses bannes, et nous voyagions ainsi sur ses flancs sans qu'il eût jamais la pensée de se débarrasser de nous. Au retour de la promenade, l'âne rentrait dans sa liberté habituelle; car il ne connaissait ni corde ni râtelier. Toujours errant dans les cours, dans le village ou dans la prairie du jardin, il était absolument livré à lui-même, ne commettant jamais de méfaits, et usant discrètement de toutes choses. Il lui prenait souvent fantaisie d'entrer dans la maison, dans la salle à manger et même dans l'appartement de ma grand'mère, qui le trouva un jour installé dans son cabinet de toilette, le nez sur une boîte de poudre d'iris qu'il respirait d'un air sérieux et recueilli. Il avait même appris à ouvrir les portes qui ne fermaient qu'au loquet, d'après l'ancien système du pays, et comme il connaissait parfaitement tout le rez-de-chaussée, il cherchait toujours ma grand'mère, dont il savait bien qu'il recevrait quelque friandise. Il lui était indifférent de faire rire; supérieur aux sarcasmes, il avait des airs de philosophe qui n'appartenaient qu'à lui. Sa seule faiblesse était le désœuvrement et l'ennui de la solitude qui en est la conséquence. Une nuit, ayant trouvé la porte du lavoir ouverte, il monta un escalier de sept ou huit marches, traversa la cuisine, le vestibule, souleva le loquet de deux ou trois pièces et arriva à la porte de la chambre à coucher de ma grand'mère; mais trouvant là un verrou, il se mit à gratter du pied pour avertir de sa présence. Ne comprenant rien à ce bruit, et croyant qu'un voleur essayait de crocheter sa porte, ma grand'mère sonna sa femme de chambre, qui accourut sans lumière, vint à la porte, et tomba sur l'âne en jetant les hauts cris.

Mais ceci est une digression, je reviens à nos promenades. L'âne fut mis par nous en réquisition, et il rapportait chaque jour dans ses paniers une provision de pierres pour notre édifice. Ma mère choisissait les plus belles ou les plus bizarres, et quand les matériaux furent rassemblés elle commença à bâtir devant nous avec ses petites mains fortes et diligentes, non pas une maison, non pas un château, mais une grotte en rocaille.

Une grotte! nous n'avions aucune idée de cela. La nôtre n'atteignit guère que quatre ou cinq pieds de haut et deux ou trois de profondeur; mais la dimension n'est rien pour les enfants, ils ont la faculté de voir en grand, et comme l'ouvrage dura quelques jours, pendant quelques jours nous crûmes que notre rocaille allait s'élever jusqu'aux nues. Quand elle fut terminée, elle avait acquis dans notre cervelle les proportions que nous avions rêvées, et j'ai besoin de me rappeler qu'en montant sur ces premières assises, je pouvais en atteindre le sommet, j'ai besoin de voir le petit emplacement qu'elle occupait, et qui existe encore, pour ne pas me persuader encore aujourd'hui que c'était une caverne de montagne.

C'était du moins très-joli, je ne pourrai jamais me persuader le contraire. Ce n'étaient que cailloux choisis mariant leurs vives couleurs, pierres couvertes de mousses fines et soyeuses, coquillages superbes, festons de lierre au-dessus et gazons tout autour. Mais cela ne suffisait pas, il y fallait une source et une cascade; car une grotte sans eau vive est un corps sans âme. Or il n'y avait pas le moindre filet d'eau dans le petit bois. Mais ma mère ne s'arrêtait pas pour si peu. Une grande terrine à fond d'émail vert qui servait aux savonnages fut enterrée jusqu'aux bords dans l'intérieur de la grotte, bordée de plantes et de fleurs qui cachaient la poterie, et remplie d'une eau limpide que nous avions grand soin de renouveler tous les jours. Mais la cascade! nous la demandions avec ardeur. « Demain vous vous aurez la cascade, dit ma mère, mais vous n'irez pas voir la grotte avant que je vous fasse appeler; car il faut que la fée s'en mêle, et votre curiosité pourrait la contrarier. »

Nous observâmes religieusement cette prescription, et à l'heure dite ma mère vint nous chercher. Elle nous amena par le sentier en face de la grotte, nous défendit de regarder derrière, et me mettant une petite baguette dans la main, elle frappa trois fois dans les siennes, me recommandant de frapper en même temps de ma baguette le centre de la grotte, qui présentait alors un orifice garni d'un tuyau de sureau. Au troisième coup de baguette, l'eau se précipitant dans le tuyau fit irruption si abondamment que nous fûmes inondées, Ursule et moi, à notre grande satisfaction et en poussant des cris de joie délirante. Puis la cascade tombant de deux pieds de haut dans le bassin formé par la terrine offrit une nappe cristalline qui dura deux ou trois minutes et s'arrêta.... lorsque toute l'eau du vase que ma bonne, cachée derrière la grotte, versait dans le tuyau de sureau fut épuisée, et que, débordant de la terrine, l'*onde pure* eut copieusement arrosé les fleurs plantées sur ses bords. L'illusion fut donc de courte durée, mais elle avait été complète, délicieuse, et je ne crois pas avoir éprouvé plus de surprise et d'admiration quand j'ai vu par la suite les grandes cataractes des Alpes et des Pyrénées.

Quand la grotte eut atteint son dernier degré de perfection, comme ma grand'mère ne l'avait pas encore vue, nous allâmes solennellement la prier de nous honorer de sa visite dans le petit bois, et nous disposâmes tout pour lui donner la surprise de la cascade. Nous nous imaginions qu'elle serait ravie; mais, soit qu'elle trouvât la chose trop puérile, soit qu'elle fût mal disposée pour ma mère ce jour-là, au lieu d'admirer notre chef-d'œuvre, elle se moqua de nous, et la terrine servant de bassin (nous avions pourtant mis des petits poissons dedans pour lui faire fête) nous attira plus de railleries que d'éloges. Pour mon compte, j'en fus consternée; car rien au monde ne me paraissait plus beau que notre grotte enchantée, et je souffrais réellement quand on s'efforçait de m'ôter une illusion.

Les promenades à âne nous mettaient toujours en grande joie ; nous allions à la messe tous les dimanches sur ce patriarche des roussins, et nous portions notre déjeuner, pour le manger après la messe, dans le vieux château de Saint-Chartier qui touche à l'église. Ce château était gardé par une vieille femme qui nous recevait dans les vastes salles abandonnées du vieux manoir, et ma mère prenait plaisir à y passer une partie de la journée. Ce qui me frappait le plus, c'était l'apparence fantastique de la vieille femme, qui était pourtant une véritable paysanne, mais qui ne tenait aucun compte des dimanches, et filait sa quenouille ce jour-là avec autant d'activité que dans la semaine, bien que l'observation du chômage soit une des plus rigoureuses habitudes du paysan de la vallée Noire. Cette vieille avait-elle servi quelque seigneur de village voltairien et philosophe? Je ne sais.

J'ai oublié son nom, mais non l'aspect imposant du château tel qu'il a été encore plusieurs années après cette époque. C'était un redoutable manoir, bien entier et très-habitable, quoique dégarni de meubles. Il y avait des salles immenses, des cheminées colossales et des oubliettes que je me rappelle parfaitement. Ce château est célèbre dans l'histoire du pays. Il était le plus fort de la province, et longtemps il servit de résidence aux princes du bas Berry. Il a été assiégé par Philippe-Auguste en personne, et plus tard il fut encore occupé par les Anglais, et repris sur eux à l'époque des guerres de Charles VII. C'est un grand carré flanqué de quatre tours énormes. Le propriétaire, lassé de l'entretenir, voulut l'abattre pour vendre les matériaux. On réussit à enlever la charpente et à effondrer toutes les cloisons et murailles intérieures. Mais on ne put entamer les tours, bâties en ciment romain, et les cheminées furent impossibles à déraciner. Elles sont encore debout, élevant leurs longs tuyaux à quarante pieds dans les airs, sans que jamais, depuis trente ans, la tempête ou la gelée en ait détaché une seule brique. En somme, c'est une ruine magnifique et qui bravera le temps et les hommes pendant bien des siècles encore. La base est de construction romaine, le corps de l'édifice est des premiers temps de la féodalité.

C'était un voyage alors que d'aller à Saint-Chartier. Les chemins étaient impraticables pendant neuf mois de l'année. Il fallait aller par les sentiers des prairies, ou se risquer avec le pauvre âne, qui resta plus d'une fois planté dans la glaise avec son fardeau. Aujourd'hui une route superbe, bordée de beaux arbres, nous y mène en un quart d'heure. Mais le château me faisait une bien plus vive impression alors qu'il fallait plus de peine pour y arriver.

Enfin les arrangements de famille furent terminés, et ma mère signa l'engagement de me laisser à ma grand'mère, qui voulait absolument se charger de mon éducation. J'avais montré une si vive répugnance pour cette convention, qu'on ne m'en parla plus du moment qu'elle fut adoptée. On s'entendit pour me détacher peu à peu de ma mère, sans que je pusse m'en apercevoir; et, pour commencer, elle partit seule pour Paris, impatiente qu'elle était de revoir Caroline.

Comme je devais aller à Paris quinze jours après avec ma grand'mère, et que je voyais même déjà préparer la voiture et faire les paquets, je n'eus pas trop d'effroi ni de chagrin. On me disait qu'à Paris je demeurerais tout près de ma petite maman et que je la verrais tous les jours. Pourtant j'éprouvai une sorte de terreur quand je me trouvai sans elle dans cette maison, qui commença à me paraître grande comme dans les premiers jours que j'y avais passés. Il fallut aussi me séparer de ma bonne, que j'aimais tendrement et qui allait se marier. C'était une paysanne que ma mère avait prise en remplacement de l'Espagnole Cécilia après la mort de mon père. Cette excellente femme vit toujours et vient me voir souvent pour m'apporter des fruits de son cormier, arbre assez rare dans notre pays, et qui y atteint pourtant des proportions énormes. Le cormier de Catherine fait son orgueil et sa gloire, et elle en parle comme ferait le gardien *cicerone* d'un monument splendide. Elle a eu une nombreuse famille et des malheurs par conséquent. J'ai eu souvent l'occasion de lui rendre service. C'est un bonheur que de pouvoir assister la vieillesse de l'être qui a soigné notre enfance. Il n'y avait rien de plus doux et de plus patient au monde que Catherine. Elle tolérait, elle admirait même naïvement toutes mes sottises. Elle m'a horriblement gâtée, et je ne m'en plains pas, car je ne devais pas l'être longtemps par mes bonnes, et j'eus bientôt à expier la tolérance et la tendresse dont je n'avais pas assez senti le prix.

Elle me quitta en pleurant, bien que ce fût pour un mari excellent, d'une belle figure, d'une grande probité, intelligent et riche par-dessus le marché, société bien préférable à celle d'un enfant pleureur et fantasque ; mais le bon cœur de cette fille ne calculait pas, et ses larmes me donnèrent la première notion de l'absence. « Pourquoi pleures-tu ? lui disais-je ; nous nous reverrons bien ! — Oui, me disait-elle, mais je m'en vas à une grande demi-lieue d'ici, et je ne vous reverrai pas tous les jours. »

Cela me fit faire des réflexions, et je commençai à me tourmenter de l'absence de ma mère. Je ne fus pourtant alors que quinze jours séparée d'elle, mais ces quinze jours sont plus distincts dans ma mémoire que les trois années qui venaient de s'écouler, et même peut-être que les trois années qui suivirent, et qu'elle passa encore avec moi. Tant il est vrai que la douleur seule marque dans l'enfance le sentiment de la vie.

Pourtant il ne se passa rien de remarquable durant ces quinze jours. Ma grand'mère, s'apercevant de ma mélancolie, s'efforçait de me distraire par le travail. Elle me donnait mes leçons et se montrait beaucoup plus indulgente que ma mère pour mon écriture et pour la récitation de mes fables. Plus de réprimandes, plus de punitions. Elle en avait toujours été fort sobre, et, voulant se faire aimer, elle me donnait plus d'éloges, d'encouragements et de bonbons que de coutume. Tout cela eût dû me sembler fort doux, car ma mère était rigide et sans miséricorde pour mes langueurs et mes distractions. Eh bien, le cœur de l'enfant est un petit monde déjà aussi bizarre et aussi inconséquent que celui de l'homme. Je trouvais ma grand'mère plus sévère et plus effrayante dans sa douceur que ma mère dans ses emportements. Jusque-là, je l'avais aimée et je m'étais montrée confiante et caressante avec elle. De ce moment, et cela dura bien longtemps après, je me sentis froide et réservée en sa présence. Ses caresses me gênaient ou me donnaient envie de pleurer, parce qu'elles me rappelaient les étreintes plus passionnées de ma petite mère. Et puis ce n'était pas avec elle une vie de tous les instants, une familiarité, une expansion continuelles. Il fallait du respect, et cela me semblait glacial. La terreur que ma mère me causait parfois n'était qu'un instant douloureux à passer. L'instant d'après j'étais sur ses genoux, sur son sein, je la tutoyais, tandis qu'avec la bonne maman c'étaient des caresses de cérémonie, pour ainsi dire. Elle m'embrassait solennellement et comme par récompense de ma bonne conduite; elle ne me traitait pas assez comme un enfant, tant elle souhaitait me donner de la *tenue* et me faire perdre l'invincible laisser aller de ma nature, que ma mère n'avait jamais réprimé avec persistance. Il ne fallait plus se rouler par terre, rire bruyamment, parler berrichon. Il fallait se tenir droite, porter des gants, faire silence ou chuchoter bien bas dans un coin avec Ursulette. A chaque élan de mon organisation on opposait une petite répression bien douce, mais assidue. On ne me grondait pas, mais on me disait *vous*, et c'était tout dire. « *Ma fille, vous vous tenez comme une bossue ; ma fille, vous marchez comme une paysanne ; ma fille, vous avez encore perdu vos gants! ma fille, vous êtes trop grande pour faire de pareilles choses.* » Trop grande!

J'avais sept ans, et on ne m'avait jamais dit que j'étais grande. Cela me faisait une peur affreuse, d'être devenue tout à coup si grande depuis le départ de ma mère. Et puis, il fallait apprendre toutes sortes d'usages qui me paraissaient ridicules. Il fallait faire la révérence aux personnes qui venaient en visite. Il ne fallait plus mettre le pied à la cuisine et ne plus tutoyer les domestiques, afin qu'ils perdissent l'habitude de me tutoyer. Il ne fallait pas non plus tutoyer ma bonne maman. Il ne fallait pas même lui dire *vous*. Il fallait lui parler à la troisième personne : « *Ma bonne maman veut-elle me permettre d'aller au jardin ?* »

Elle avait certainement raison, l'excellente femme, de vouloir me frapper d'un grand respect moral pour sa personne et pour le code des grandes habitudes de civilisation qu'elle voulait m'imposer. Elle prenait possession de moi ; elle avait affaire à un enfant quinteux et difficile à manier. Elle avait vu ma mère s'y prendre énergiquement, et elle pensait qu'au lieu de calmer ces accès d'irritation maladive, ma mère, excitant trop ma sensibilité, me soumettait sans me corriger. C'est bien probable. L'enfant trop secoué dans son système nerveux revient d'autant plus vite à son débordement d'impétuosité qu'on l'a plus ébranlé en le matant tout d'un coup. Ma grand'mère savait bien qu'en me subjuguant par une continuité d'observations calmes, elle me

CHAPITRE SEIZIÈME.

plierait à une obéissance instinctive, sans combats, sans larmes et qui m'ôterait jusqu'à l'idée de la résistance. Ce fut en effet l'affaire de quelques jours. Je n'avais jamais eu la pensée d'entrer en révolte contre elle, mais je ne m'étais guère retenue de me révolter contre les autres en sa présence. Dès qu'elle se fut emparée de moi, je sentis qu'en faisant des sottises sous ses yeux j'encourrais son blâme, et ce blâme exprimé si poliment, mais si froidement, me donnait froid jusque dans la moelle des os. Je faisais une telle violence à mes instincts que j'éprouvais des frissons convulsifs dont elle s'inquiétait sans les comprendre.

Elle avait atteint son but, qui était, avant tout, de me rendre disciplinable, et elle s'étonnait d'y être parvenue aussi vite. « Voyez donc, disait-elle, comme elle est douce et gentille ! » et elle s'applaudissait d'avoir eu si peu de peine à me transformer avec un système tout opposé à celui de ma pauvre mère, tour à tour esclave et tyran.

Mais ma chère bonne maman eut bientôt à s'étonner davantage. Elle voulait être respectée religieusement, et en même temps être aimée avec passion. Elle se rappelait l'enfance de son fils et se flattait de la recommencer avec moi. Hélas ! cela ne dépendait ni de moi ni d'elle-même. Elle ne tenait pas assez de compte du degré de génération qui nous séparait et de la distance énorme de nos âges.

La nature ne se trompe pas ; et malgré les bontés infinies, les bienfaits sans bornes de ma grand'mère dans mon éducation, je n'hésite pas à le dire, une aïeule âgée et infirme ne peut pas être une mère, et la gouverne absolue d'un jeune enfant par une vieille femme est quelque chose qui contrarie la nature à chaque instant. Dieu sait ce qu'il fait en arrêtant à un certain âge la puissance de la maternité. Il faut au petit être qui commence la vie un être jeune et encore dans la plénitude de la vie. La solennité des manières de ma grand'mère me contristait l'âme. Sa chambre sombre et parfumée me donnait la migraine et des bâillements spasmodiques. Elle craignait le chaud, le froid, un vent coulis, un rayon de soleil. Il me semblait qu'elle m'enfermait avec elle dans une grande boîte quand elle me disait : « *Amusez-vous tranquillement.* » Elle me donnait des gravures à regarder, et je ne les voyais pas, j'avais le vertige. Un chien qui aboyait au dehors, un oiseau qui chantait dans le jardin, me faisaient tressaillir. J'aurais voulu être le chien ou l'oiseau. Et quand j'étais au jardin avec elle, bien qu'elle n'exerçât sur moi aucune contrainte, j'étais enchaînée à ses côtés par le sentiment des égards qu'elle avait déjà su m'inspirer. Elle marchait avec peine, je me tenais tout près pour lui ramasser sa tabatière ou son gant qu'elle laissait souvent tomber et qu'elle ne pouvait pas se baisser pour ramasser, car je n'ai jamais vu de corps plus languissant et plus débile ; et comme elle était néanmoins grasse, fraîche et point malade, cette incapacité de mouvement m'impatientait intérieurement au dernier point. J'avais vu cent fois ma mère brisée par des migraines violentes, étendue sur son lit comme une morte, les joues pâles et les dents serrées ; cela me mettait au désespoir ; mais la nonchalance paralytique de ma grand'mère était quelque chose que je ne pouvais pas m'expliquer et qui parfois me semblait volontaire. Il y avait bien un peu de cela dans le principe, c'était la faute de sa première éducation. Elle avait trop vécu dans une boîte, elle aussi, et son sang avait perdu l'énergie nécessaire à la circulation ; quand on voulait la saigner, on ne pouvait pas lui en tirer une goutte, tant il était inerte dans ses veines. J'avais une peur effroyable de devenir comme elle, et quand elle m'ordonnait de n'être à ses côtés ni agitée ni bruyante, il me semblait qu'elle me commandât d'être morte.

Enfin tous mes instincts se révoltaient contre cette différence d'organisation, et je n'ai aimé véritablement ma grand'mère que lorsque j'ai su raisonner. Jusque-là, je m'en confesse, j'ai eu pour elle une sorte de vénération morale jointe à un éloignement physique invincible. Elle s'aperçut bien de ma froideur, la pauvre femme, et voulut la vaincre par des reproches qui ne servirent qu'à l'augmenter, en constatant à mes propres yeux un sentiment dont je ne me rendais pas compte. Elle a bien souffert et moi peut-être encore plus, sans pouvoir m'en défendre. Et puis une grande réaction s'est faite en moi quand mon esprit s'est développé, et elle a reconnu qu'elle s'était trompée en me jugeant ingrate et obstinée.

FIN DU TOME QUATRIÈME

ET DE LA DEUXIÈME PARTIE.

TABLE
DU TOME QUATRIÈME.

DEUXIÈME PARTIE.
(*Suite.*)

CHAPITRE NEUVIÈME.

Lettres de ma grand'mère et d'un officier civil. — L'abbé d'Andrezel. — Suite des lettres. — Le marquis de S***. — Un passage des *Mémoires* de Marmontel. — Ma première entrevue avec ma grand'mère. — Caractère de ma mère. — Son mariage à l'église. — Ma tante Lucie et ma cousine Clotilde. — Mon premier séjour à Chaillot................ 1

CHAPITRE DIXIÈME.

Campagne de 1805. — Lettres de mon père à ma mère. — Affaire d'Haslach. — Lettre de Nuremberg. — Belles actions de la division Gazan et de la division Dupont sur les rives du Danube. — Belle conduite de Mortier. — Lettre de Vienne. — Le général Dupont. — Mon père passe dans la ligne avec le grade de capitaine et la croix. — Campagne de 1806 et 1807. — Lettres de Varsovie et de Rosemberg. — Suite de la campagne de 1807. — Radeau de Tilsitt. — Retour en France. — Voyage en Italie. — Lettres de Venise et de Milan. — Fin de la correspondance avec ma mère et commencement de ma propre histoire. . 33

CHAPITRE ONZIÈME.

Premiers souvenirs. — Premières prières. — L'œuf d'argent des enfants. — Le père Noël. — Le système de J. J. Rousseau. — Le bois de lauriers. — Polichinelle et le réverbère. — Les romans entre quatre chaises. — Jeux militaires. — Chaillot. — Clotilde. — L'empereur. — Les papillons et les fils de la Vierge. — Le roi de Rome. — Le flageolet. 75

CHAPITRE DOUZIÈME.

Intérieur de mes parents. — Mon ami Pierret. — Départ pour l'Espagne. — Les poupées. — Les Asturies. — Les liserons et les ours. — La tache de sang. — Les pigeons. — La pie parlante. 106

CHAPITRE TREIZIÈME.

La reine d'Étrurie. — Madrid. — Le palais de Godoy. — Le lapin blanc. — Les jouets des infants. — Le prince Fanfarinet. — Je passe aide de camp de Murat. — Sa maladie. — Le faon de biche. — Weber. — Première solitude. — Les mameluks. — Les *orblutes*. — L'écho. — Naissance de mon frère. — On s'aperçoit qu'il est aveugle. — Nous quittons Madrid. . . 132

CHAPITRE QUATORZIÈME.

Dernière lettre de mon père. — Souvenirs d'un bombardement et d'un champ de bataille. — Misère et maladie. — La soupe à la chandelle. — Embarquement et naufrage. — *Leopardo*. — Arrivée à Nohant. — Ma grand'mère. — Hippolyte. — Deschartres. — Mort de mon frère. — Le vieux poirier. — Mort de mon père. — Le revenant. — Ursule. — Une affaire d'honneur. — Première notion de la richesse et de la pauvreté. — Portrait de ma mère. 153

TABLE.

CHAPITRE QUINZIÈME.

Ma mère. — Une rivière dans une chambre. — Ma grand'mère. — Deschartres. — La médecine de Deschartres. — Écriture hiéroglyphique. — Premières lectures. — Contes de fées, mythologie. — La *nymphe* et la *bacchante*. — Mon grand-oncle. — Le chanoine de *Consuelo*. — Différence de la *vérité* et de la *réalité* dans les arts. — La fête de ma grand'mère. — Premières études et impressions musicales. 209

CHAPITRE SEIZIÈME.

Madame de Genlis. — Les *Battuécas*. — Les rois et les reines des contes de fées. — L'écran vert. — La grotte et la cascade. — Le vieux château. — Première séparation d'avec ma mère. — Catherine. — Effroi que me causaient l'âge et l'air imposant de ma grand'mère. 237

FIN DE LA TABLE.

www.ingramcontent.com/pod-product-compliance
Lightning Source LLC
Chambersburg PA
CBHW070541160426
43199CB00014B/2320